数据资源视角下互联网平台企业竞合战略研究

马 蔷／著

吉林大学出版社

·长春·

图书在版编目（CIP）数据

数据资源视角下互联网平台企业竞合战略研究 / 马蔷著. -- 长春：吉林大学出版社，2021.9
ISBN 978-7-5692-8634-2

Ⅰ.①数… Ⅱ.①马… Ⅲ.①网络公司—企业竞争—研究 Ⅳ.①F271.3

中国版本图书馆CIP数据核字(2021)第156279号

书　　名：	数据资源视角下互联网平台企业竞合战略研究
	SHUJU ZIYUAN SHIJIAO XIA HULIANWANG PINGTAI QIYE JINGHE ZHANLÜE YANJIU
作　　者：	马　蔷　著
策划编辑：	黄国彬
责任编辑：	马宁徽
责任校对：	张鸿鹤
装帧设计：	刘　丹
出版发行：	吉林大学出版社
社　　址：	长春市人民大街4059号
邮政编码：	130021
发行电话：	0431-89580028/29/21
网　　址：	http://www.jlup.com.cn
电子邮箱：	jdcbs@jlu.edu.cn
印　　刷：	天津和萱印刷有限公司
开　　本：	787mm×1092mm　　1/16
印　　张：	11.75
字　　数：	150千字
版　　次：	2021年9月　第1版
印　　次：	2021年9月　第1次
书　　号：	ISBN 978-7-5692-8634-2
定　　价：	68.00元

版权所有　翻印必究

1.项目名称（项目号）：数据资源、包围者入侵威胁与互联网平台企业竞合战略选择研究（72002079）；项目类型：国家自然科学基金青年基金项目

2.项目名称（项目号）：O2O模式下平台企业竞合战略与绩效研究:包围者竞争威胁的关键作用（2018B08）；项目类型：吉林财经大学博士基金项目

3.项目名称（项目号）：新冠疫情影响下企业创新生态系统对价值共创商业模式的影响机理研究（2020Q32）；项目类型：吉林财经大学青年基金项目

4.项目名称：吉林省医药健康产业创新平台运行机制及服务模式研究；项目类型：吉林省科技厅创新发展战略研究项目

前　言

在近期的商业实践中，集中出现了一些互联网平台企业从竞争走向合并的案例，例如58同城与赶集网、美团团购与大众点评网、优酷网与土豆网等。学术界意图以传统的竞合理论来解释这一系列现象，但基于供应链模式和传统资源基础观视角的竞合理论在解释这一现象时却遇到了挑战：一方面，资源视角的竞合理论认为资源相似性是影响竞合关系强度的关键要素，企业在同质资源上竞争，在异质资源上合作，而近期出现的互联网平台企业合并案却是在人、财、物等资源高度同质的情况下进行的；另一方面，供应链视角的竞合理论强调企业间会在远离消费者的一端合作，在靠近消费者的一端竞争，而互联网平台企业却与所有用户均为"零距离"。由此看来，互联网平台企业的资源属性和运行机制的特殊性是带来上述理论挑战的关键原因。

传统企业以具有排他性、稀缺性、难以替代性、难以模仿性的人、财、物等资源为核心资源，以单向链式的供应结构为核心模式；互联网平台企业却以共享性、海量性、易于复制性为属性特征的数据资源为核心资源，以多向网状的平台模式为核心模式。与针对单边市场的供应链理论不同，平台理论强调平台模式会同时关注双边或多边市场中的资源和利益。因此，互联网情境下的平台理论和数据资源属性可能会给互联网平台企业竞合战略的相关研究提供新的理论视角。

本书运用平台理论、竞合理论和资源相关理论，利用探索性多案例研究方法，通过对4对理论抽样的互联网平台企业案例的分析与比较，界定了数据资源所具有的归属性和相似性属性，提炼了竞合战略与竞合行为等相关构念，深入分析了平台运行机制与数据资源属性对互联网平台企业的对抗型、伙伴型、适应型和孤立型等竞合战略选择的影响机理与平台企业在不同竞合战略状态下基于数据资源配置倾向与应用倾向的竞合行为。本书基于互联网情境挖掘了数据资源属性和平台企业运行机制，构建了竞合战略与竞合行为的理论体系，补充和完善了现有的竞合理论和资源相关理论，并为互联网平台企业竞合战略选择和行为决策的商业实践提供了指导和借鉴。本书的主要结论如下。

第一，研究了互联网平台企业的运行机制与数据资源属性，发现数据资源在盈利端的相似性和补贴端的归属性是影响互联网平台企业竞合战略选择的关键要素。具体而言，企业间会在同质且多归属的数据资源上倾向于选择伙伴型竞合战略；在同质且单归属的数据资源上倾向于选择适应型竞合战略；在异质且多归属的数据资源上倾向于选择孤立型竞合战略；在异质且单归属的数据资源上倾向于选择对抗型竞合战略。

第二，互联网平台企业间基于数据资源的配置倾向和应用倾向会进行不同的竞合行为决策。具体而言，伙伴型战略的企业间会选择深耕的应用倾向和共享的配置倾向，从而选择深耕互补的竞合行为；对抗型战略的企业间会选择差异化的应用倾向和保护的配置倾向，从而选择边界差异的竞合行为；适应型战略的企业间会选择差异化的应用倾向和共享的配置倾向，从而选择差异协同的竞合行为；孤立型战略的企业间会选择深耕的应用倾向和保护的配置倾向，从而选择专业深耕的竞合行为。

本书的创新性主要反映在如下几个方面。

首先，本书对互联网平台企业的运行机制与数据资源属性进行了提炼与界定。虽然已有学者意识到互联网平台企业的商业模式以及大数据将给商业实践带来的重大影响，但对互联网平台企业的运行机制及其核心资源——数据资源的研究和探讨仍然不够深入。本书通过多案例编码分析发现，互联网平台企业以连接盈利端与补贴端用户并满足彼此需求为运行机制的载体，其盈利端数据资源的经济学属性表现为相似性而补贴端数据资源的经济学属性表现为归属性。本书通过对互联网平台企业运行机制与数据资源属性的提炼与界定，一方面对现有互联网平台企业的相关理论研究起到了补充和完善作用，另一方面在人、财、物资源要素体系的基础上补充了数据资源这一新资源要素并提炼了数据资源的经济学属性，对尚处于萌芽阶段的大数据经济学理论的构建和发展起到了一定的推动作用。

其次，本书构建了互联网情境下平台企业竞合战略理论框架。当供应链理论与资源视角的竞合理论在解释互联网平台企业的竞合互动规律遇到挑战时，本书基于互联网情境将平台理论、数据资源属性与竞合理论相结合，通过跨案例分析与比较构建了互联网情境下平台企业竞合战略的理论框架，归纳出竞争占优的对抗型、合作占优的伙伴型、无明显互动的孤立型以及竞合共存的适应型四种竞合战略类型，并揭示了平台机制与数据资源属性对竞合战略选择影响的内在机理，丰富并完善了现有的竞合理论。

最后，本书从数据资源视角提炼了不同竞合战略下相应的竞合行为构念。以往对竞合理论的研究，学者们更多聚焦于竞合战略的类型划分、前因变量及结果变量，对不同竞合战略下企业进行的竞合行为决策却鲜有文献探讨。本书通过对现有理论的梳理和对实践案例的提炼，基于数据资源的配置倾向与应用倾向，分别提炼了伙伴型战略下的互补深耕竞合行为、对抗型战略的边界差异竞合行为、适应型战略的协同差异竞合行为以及孤立型战略的专业深耕竞合行为，对竞合理论在竞合行为决策方面的研究进行了补充与延伸。

目 录

第1章 绪 论 ······ 1
    1.1 选题背景与研究意义 ······ 2
    1.2 研究内容 ······ 7
    1.3 研究方法 ······ 8
    1.4 技术路线与结构安排 ······ 9
    1.5 研究的创新点 ······ 11

第2章 理论基础与文献综述 ······ 13
    2.1 竞合理论 ······ 13
    2.2 资源的相关理论 ······ 25
    2.3 供应链理论与平台理论 ······ 37
    2.4 本章小结 ······ 45

第3章 研究设计与案例介绍 ······ 47
    3.1 研究方法的选择 ······ 47
    3.2 研究对象的选择 ······ 49
    3.3 数据收集与分类 ······ 53
    3.4 确保信效度 ······ 55
    3.5 案例描述 ······ 56
    3.6 本章小结 ······ 78

第4章 竞合战略的数据编码与分析 ······ 79
    4.1 数据编码 ······ 79

4.2 构念的提炼与界定 …… 82
4.3 本章小结 …… 86

第5章 互联网平台企业竞合战略选择机理研究 …… 89
5.1 盈利端异质性与竞合战略选择 …… 89
5.2 补贴端归属性与竞合战略选择 …… 94
5.3 互联网平台企业竞合战略选择机理 …… 97
5.4 本章小结 …… 104

第6章 竞合行为的数据编码与分析 …… 106
6.1 数据编码 …… 106
6.2 构念的提炼与界定 …… 110
6.3 本章小结 …… 115

第7章 互联网平台企业的竞合行为研究 …… 116
7.1 数据资源的配置倾向 …… 116
7.2 数据资源的应用倾向 …… 122
7.3 互联网平台企业的竞合行为 …… 129
7.4 本章小结 …… 139

第8章 结论与展望 …… 140
8.1 结果讨论与整体模型框架 …… 140
8.2 本书的研究结论 …… 147
8.3 理论贡献与实践启示 …… 149
8.4 未来研究展望 …… 152

参考文献 …… 154

附　录 …… 171

第1章 绪 论

自从1996年布兰登勃格和拜瑞·J. 内勒巴夫（Brandenburger and Nalebuff）合著的《合作竞争（*co-opetition*）》一书提出竞合理论以来，越来越多的商业实践者和理论研究者意识到了竞合关系对企业发展的重要性，并针对企业竞合行为展开一系列的研究，竞合理论也逐渐与资源基础理论、资源依赖理论、供应链理论等理论结合并形成了很多优秀的成果。2012年以来，短期内出现了大量相同垂直领域的互联网平台龙头企业合并案，例如58同城与赶集网、滴滴出行与优步中国、美团团购与大众点评等，这些令人意外的合并案与传统竞合理论形成了一定的矛盾并引发了广泛关注。大多商业实践层面的成果都将这些问题归于"烧不起钱"或"资本推动"等现象上的原因（黎冲森，2015；李淼，2015；信海光，2013；韩博宇，邱志洁，章夏哲，2016），但这些解释无异于"隔靴搔痒"，并不能从本质上挖掘出内在的根源。我们在发现这一现象后，意图以传统理论来进行解释，但基于供应链模式和传统资源观视角的竞合理论在试图解释这一现象时遇到了一定的挑战，平台模式下的互联网企业存在着与传统企业不同的特质，使得传统理论难以完全解释互联网平台企业间的竞合行为，本书意在从互联网平台企业的特性挖掘，揭示互联网平台企业的竞合战略选择的内在规律。

1.1 选题背景与研究意义

1.1.1 选题背景

20世纪中叶到21世纪初,以核能、航空和航天科技,以及计算机、IT网络信息技术发展为标志的"第三次科技革命"爆发,这一经济增长阶段带来了人类社会长足的进步。其中互联网的应用和发展成了近20年来经济发展的新引擎,它对传统产业的生产方式和组织形式都产生了重大的冲击,改变了人们的生活方式,对人类社会产生极其深远及广泛的影响(付瑜,2013)。2015年国务院印发的《国务院关于积极推进"互联网+"行动的指导意见》以及阿里研究院的《互联网+报告》深入推动了我国互联网与传统产业的深度融合,2015年3月李克强总理在政府工作报告中提出"制定'互联网+'计划",可见互联网的应用对我国经济发展的意义深远。近年来,我国互联网应用商业化程度迅速提高并崛起了大批互联网平台企业,进一步凸显了互联网的商业价值,目前我国的互联网平台企业已经走出与发达国家不同却也十分成功的道路:即用免费、补贴等策略扩大用户的基础规模,借力风险投资进一步增强用户体验和用户价值,再通过价格歧视来实现商业价值。这种"免费策略—用户价值—价格歧视"的模式突破了对发达国家互联网模式的路径依赖,我国互联网平台企业形成了拥有绝对市场优势的产业(付瑜,2013)。

除了区别于传统企业的商业模式外,在近期的商业实践中,也出现了大量的与传统行业竞争规律不同的互联网平台企业合并案,这些令人意外的合并案同时引发了实践层面和学术界的广泛关注和理论思考,大多商业实践层面的成果都将这些问题归于"烧不起钱"或"资本推动"等现象上的原因(黎冲森,2015;李淼,2015;信海光,2013;韩博宇、邱志洁、章夏哲,2016),然而,这些解释无异于"隔靴搔痒",并不能从本质上挖掘出内在的根源。学术界则意图以竞合理论来解释这一系列现象，传统竞合理论的研究一直与资源基础观和供应链理论有着密不可分的联系，一方面，大多基于供应链视角的竞合理论或是聚焦于供应链上下游（Gadde and Mattsson，1987；Holmlund and Kock，1995），或是聚焦于同行业（Ring and Van de Ven，1992；Bucklin and Sengupta，1993；GomesCasseres，1994；Kanter，1994）研究企业间的竞合互动关系。其中，由于供应链上下游的垂直关系存在直接的经济交易而更易被观察到（Bengtsson and Kock，1999），因此聚焦于此视角的竞合关系研究更为成熟，Bengtsson and Kock（2000）从供应链的角度提出了企业竞合互动的影响机理，他们提出，企业会在远离消费者的一端进行合作，在靠近消费者的一端进行竞争。但随着互联网经济的到来，出现了很多以互联网平台模式为核心机制的企业，他们有的在远离消费者的一端激烈竞争，也有的在靠近消费者的一端紧密合作；另一方面，在企业商业实践中竞合往往体现着企业间的资源流动和交换，很多学者从资源基础观的视角对资源属性和竞合战略的关系进行了研究，提出资源能够给企业带来持续竞争优势，并且具有价值性、稀缺性、难以替代性、难以模仿性（Barney，1991），因此对于无法独立整合所有资源的大多数企业来说，资源的相似性（similarity）是影响竞合关系强度的关键因素，一般来说，企业会在同质性资源（homogeneous resource）上表现出竞争，而在异质性资源（heterogeneous resouce）上会表现出合作（Bengtsson and Kock，1999；Luo，2008；李健、金占明，2008）。然而，很多互联网平台企业（例如58同城与赶集网、优酷网和土豆网、滴滴与快的……）却在资源高度同质的情况下出现了合作现象。互联网商业实践中出现的这些独特现象对传统理论提出了一定的挑战，互联网平台企业中存在的特殊属性似乎导致以传统资源基础观和供应链视角的竞合理论无法完全解释商业实践的一些竞合现象。

与传统针对单边市场的供应链理论不同，平台理论往往会同时关注双边市场中的资源和利益。互联网平台企业即是较为典型的以平台模式为运行机制，通过连接两个（或更多）特殊群体来满足双边（或多边）市场群体需求的中介企业，是双边市场的核心组成部分（陈威如、余卓轩，2014；Rochet and Tirole，2005），也是平台理论的核心研究对象。互联网平台企业区别于传统模式的运行机制使得从买方到卖方的单向性供应链发生了根本的变革（阿里研究院，2015），形成了以互联网平台企业为中介，从双向或多向连接各方主体交叉形成的平台网络。因此，以单向"链式"为核心模式的传统供应链理论就无法完全解释以双边市场为核心的互联网平台企业的运行机制和竞合行为。相较于传统资源，互联网平台企业对数据资源的需求和占比更高（阿里研究院，2015），它们依托数据资源推出产品和服务，通过"烧钱大战"进行数据资源的抢夺，并依靠数据资源的流动获得盈利和生存，可以说，数据资源已经成了互联网平台企业的核心资源，并在企业活动中起到至关重要的作用。以具有价值性、排他性、稀缺性、难以替代性、难以模仿性等属性的传统资源（Barney，1991）在解释以数据资源为核心的互联网平台企业的竞合行为时遇到了一定的挑战。因此，互联网情境下的平台理论和数据资源的特殊属性可能会更充分地解释互联网平台企业间的竞合互动机理，从而为互联网平台企业间的竞合战略选择的研究提供一个新的理论视角，并对传统的资源基础观和供应链理论带来一定的替代和补充作用。同时，目前竞合理论中关于竞合行为策略（coopetitive tactics）方面的研究寥寥无几，大部分的竞合行为研究层面都是针对企业内部的部门之间与团队内个体之间的探讨，仅有 Luo（2008）在其《全球竞争的竞合视角》一文中提出了智力聚集、填补空白、耍手段获取地位和位置、领域专业化、规模扩张、垂直整合、协同延伸、价值共享、增强依赖性、边界分析、松散耦合等12种跨国企业之间的竞合行为策略（coopetitive tactics），能够为企业层面的竞合行为研究提供一定的理论参考。然而理论界和实践界目前针对竞合现象异于传统企业的互联网平台企业之间的竞合行为的相关研究仍处于理论前沿的探索阶段，还需要进行深入的理论探索与挖掘。综上所述，本书意在解决以下三个问题：（1）以平台模式为核心的互联网平台企业，其数据资源的哪些属性对其竞合战略选择有影响？（2）这些属性是如何影响互联网平台企业的竞合战略选择的？（3）在不同的竞合战略选择中，互联网平台企业会有哪些相应的竞合策略和行为？

1.1.2 研究意义

1. 理论意义

近年来，由于互联网和云计算等技术的迅猛发展，崛起了大批互联网平台企业，并且它们在竞合互动上显现出了与传统理论相异的行为，虽然已有很多学者意识到互联网平台模式和数据资源将会给商业实践带来重大影响，现有文献对于数据资源的属性及其与互联网平台企业间的竞合战略选择间的关系却缺乏研究与探讨。针对此理论空白，本书基于相关理论与多案例研究的方法，深入探索了互联网情境下的运行机制和数据资源对平台企业竞合战略选择的影响机理，提炼了不同战略状态下企业相应的竞合行为构念，并构建了互联网平台企业竞合战略的理论体系。具体而言，研究的理论意义体现在如下几点。

首先，本书立足于资源基础理论，通过探索性多案例研究提出了互联网平台企业的独特及核心资源——数据资源，提炼了数据资源的归属性与相似性两种经济学属性，与传统资源属性进行了比较与讨论并探讨了数据资源属性对企业行为的影响，对尚处于萌芽阶段的大数据经济学理论的构建和发展起到了一定的推动作用。

其次，本书通过多案例访谈对互联网平台企业的核心运行机制进行了解构与剖析，并结合平台理论将互联网平台企业的双边市场划分为了盈利端与补贴端，并分别探讨了互联网平台企业两端的不同数据资源属性对竞合战略选择的影响，以平台理论的视角替换了供应链理论视角，对竞合理论的研究进行了补充与完善。

最后，本书结合互联网情境，分析了互联网平台企业的不同竞合战略选择类型，提炼并界定了不同竞合战略类型下的企业相应的竞合行为构念，这有助于弥补目前竞合理论在竞合战略选择过程机理及竞合行为研究上的不足，并推动了竞合理论对互联网情境化的研究，对竞合理论进行了补充与延伸。

2. 实践意义

在我国"互联网+"战略计划的布局和"大众创业、万众创新"的背景下，互联网平台企业成了互联网情境下创新创业的主体，在我国目前的经济发展中有着举足轻重的作用。本书通过探讨互联网平台企业的运行机制与核心资源——数据资源属性对竞合战略选择的作用机理，描述并刻画了互联网平台企业的竞合行为，对于互联网平台企业进行竞合互动的商业实践提供实践指导意义。本书的实践意义具体表现为如下几点。

第一，研究有助于为互联网平台企业竞合战略和行为策略的制定与实施提供参考与指导。本书基于互联网情境，通过探索性多案例将互联网平台企业间的竞合战略划分为了孤立型（无竞争合作互动）、对抗型（竞争占优）、伙伴型（合作占优）和适应型（竞争合作均明显）四种类型，并从数据资源的视角对不同类型的竞合战略对应的竞合行为进行了详细刻画与描述，为现存的和新进入的互联网平台企业间进行竞合战略选择和竞合行为决策提供了理论指导和可参考的实施路径。

第二，研究有助于互联网平台企业认识与比较自身与竞争对手的数据资源属性特征，从而指导企业选择合作伙伴与竞争对手。本书从资源观的视角探讨了互联网平台企业的核心资源——数据资源的独特属性，并通过扎根编码的思想和方法研究了数据资源属性对竞合战略选择的影响，提出了归属性与相似性两个属性是影响互联网平台企业间竞合战略选择的关键属性。这一发现有利于指导互联网平台企业根据自身数据资源情况选择不同的竞争合作对手，并进行不同的竞合战略的选择和制定。

第三，研究有助于为互联网平台企业进行平台运行机制的构建提供参考与指导。本书基于互联网情境从平台模式与数据资源视角解构了互联网平台企业的运行机制。具体而言，互联网平台企业在双边市场中扮演着中介角色，即连接着双边市场两端的用户并为他们提供满足彼此需求的服务，平台两端用户分别被称为盈利端用户和补贴端用户。通过解构互联网平台企业的运行机制，本书为新创互联网平台企业进入市场后进行平台模式的搭建提供了一定的实践指导。

1.2 研究内容

根据上述的特殊实践现象、理论空白点以及研究要解决的3个理论问题，提出本书的研究框架，如图1.1所示。本书探讨的研究问题和研究内容主要包括如下几个方面。

首先，为解决"以平台模式为核心的互联网平台企业，其数据资源的哪些属性对其竞合战略选择有影响"这一问题，本书通过案例访谈、实地观察与扎根编码等方法试图寻求和涌现数据资源属性的相关构念，通过背对背编码分析、组内讨论对这些构念进行修正，并不断与现有理论和相关文献进行对话和比较，从而打开数据资源属性这一黑箱。对于以平台模式为核心的互联网平台企业来说，它所面对的是双边市场的用户和资源，因此在进行数据资源属性的探究和提炼时，需要将平台运行机制的特殊性嵌入其中进行整体研究。基于此，本书探讨在互联网平台模式下，数据资源的哪些属性会对竞合战略选择有影响。

其次，在数据资源属性提炼的基础上，基于现有竞合理论、平台理论的梳理、分析和比较，对案例访谈、观察等一二手实践资料进行开放性编码、主轴编码和选择性编码等扎根编码分析，根据"数据资源属性—竞合强度—竞合战略选择"的整体逻辑对"数据资源属性如何影响互联网平台企业的竞合战略选择"这一问题进行探索和研究，并不断寻求其背后的理论和本质原因，提出相应的理论模型和研究命题。本书试图从资源的视角打开互联网平台企业竞合战略选择的影响机理黑箱。

最后，企业在进行竞合战略的选择后，会进行具体的竞合行为决策和实施。本书以互联网平台企业为研究对象，通过对案例实践资料的编码分析和对相关理论的比较，根据"竞合战略状态—数据资源行为倾向—竞合行为决策"的整体逻辑，从数据资源的视角探讨互联网平台企业在不同的竞合战略状态下，如何有效地进行竞合行为决策。

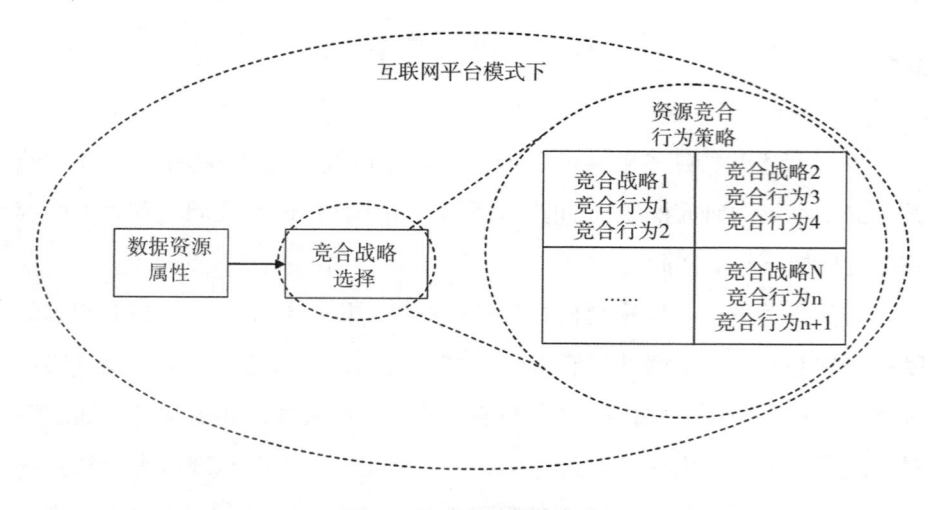

图1.1　本书的主逻辑框架

1.3　研究方法

为了探讨互联网平台企业的运行机制、数据资源与竞合战略选择之间的关系，考虑到数据资源属性与互联网情境的相关研究尚处于理论空白，而对竞合战略选择机理方面的研究仍处于前沿理论的探索阶段，鲜有理论研究与文献资料进行探讨，同时针对研究需要回答How和Why的问题（Yin，1994），本书综合采用了文献研究、案例访谈、实地观察、探索性多案例研究及扎根编码等多种研究方法，分别从理论研究和实践调查入手，以扎根理论的核心思想不断涌现理论并与原有理论进行"对话"，实现本书理论模型的构建。具体方法如下。

第一，采用文献研究的方法对竞合理论、供应链理论、平台理论、资源基础理论进行系统的梳理和提炼，通过回顾竞合战略、资源属性、平台模式等相关研究对研究现状和不足进行总结，提出本书的理论研究框架，为后续的理论分析奠定基础。

第二，以探索性多案例研究为主要方法，在初步的理论框架基础上，收集文献、网络新闻、官方报告等二手资料以及通过实地观察、深度访谈等收集一手资料，通过2名博士生和2名硕士的背对背整理和多次会议讨论共形成约18万字的有效资料，对8家具有不同典型竞合互动特征的互联网平台企业的数据资源属性、竞合战略类型和竞合行为的内涵与构念进行了提炼和界定，并深度剖析和挖掘了平台运行机制、数据资源属性与竞合战略选择的内在机理，构建研究模型。

第三，在资料收集与整理的基础上，采用扎根理论的思想并利用Nvivo、Excel等软件通过编码和提炼，不断涌现新的构念和理论，并在此基础上与团队内多名博士生导师、教授、副教授、博士生、硕士生进行多次研讨，不断建立和完善研究的效度与信度，并对研究模型和研究命题进行修正和完善，直到不涌现新的理论为止。

1.4　技术路线与结构安排

如图2.1所示，在第2章中本书对竞合理论、供应链理论、平台理论、资源相关理论与核心观点进行系统梳理与提炼，并围绕数据资源、平台模式、竞合战略选择、竞合行为等核心构念的相关研究进行了文献综述。

在此基础上，在第3章中本书对方法和研究对象的选择进行了详细的描述和解释，并对选取的案例企业的背景进行细致的描述。

在第4章中，为了进一步探索平台运行机制、数据资源属性与平台企业竞合战略选择间的关系，本书以理论寻求和实践提炼为两条平行主线，基于扎根理论的思想对实践数据进行编码提炼，并不断将涌现的新理论与传统理论进行对话，通过实践与理论的不断迭代，提炼并界定了平台模式下数据资源属性及竞合战略选择的构念。

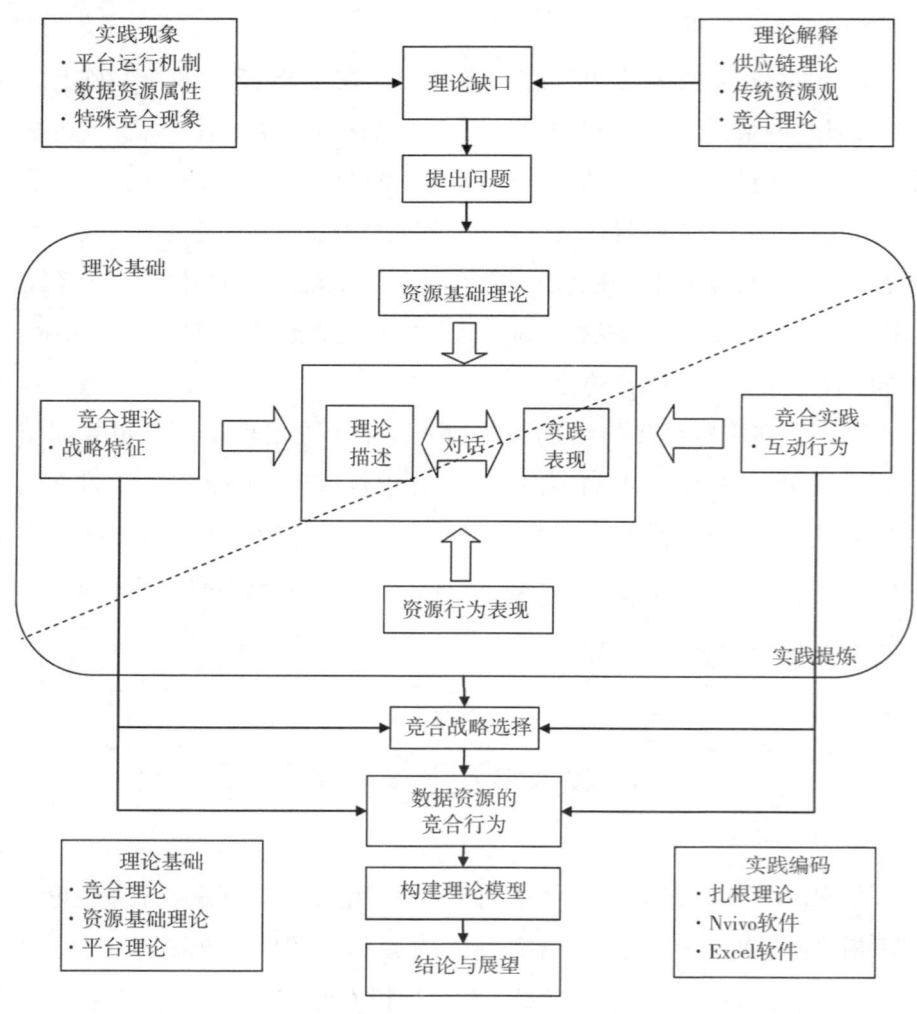

图1.2 本书的技术路线图

在第5章中，本书根据数据编码与分析的结果，通过与相关理论的对话进一步探讨了平台运行机制、数据资源属性对互联网平台企业竞合战略选择的影响机理，并提出了相应的研究命题。

第6章中，根据上一章节的研究内容，本书进一步从数据资源的视角对互联网平台企业不同竞合战略状态下竞合行为的实践材料进行了数据编码与构念提炼。

第7章中，根据数据编码与分析的结果，本书通过与竞合策略的相关理论进行对话进一步探讨了不同竞合战略下互联网平台企业相应的竞合行为决策，并提出了相应的研究命题。

在第8章中，本书对互联网平台企业竞合战略选择的影响机理及竞合行为研究的结论进行了探讨并构建了整体的研究模型框架，在此基础上提出了本书的理论贡献与实践启示，并提出未来的研究展望。

1.5　研究的创新点

本书立足于竞合理论、平台理论和资源相关理论的前沿研究，旨在揭示互联网平台企业在自身与竞争对手不同的数据资源属性下，如何进行竞合战略的选择和相应的竞合行为决策。由于目前对平台模式、数据资源、竞合战略选择机理的研究及竞合行为的研究均处于理论前沿，鲜有文献探讨而缺乏深厚的理论基础，同时互联网平台企业又刚刚兴起，本书并不适用大样本的实证方法，因此研究为了能够弥补现有理论研究的不足，以探索性多案例研究的方法提炼并界定了数据资源属性、竞合战略与竞合行为的构念，从而打开了互联网平台企业竞合战略选择和竞合行为的两大黑箱。本书的理论创新性主要反映在如下几个方面。

首先，本书对互联网平台企业的运行机制与数据资源属性进行了提炼与界定。虽然目前已有学者意识到互联网平台企业的商业模式以及大数据将给商业实践带来的重大影响，但对互联网平台企业的运行机制及其核心资源——数据资源的研究和探讨仍然不够深入。本书通过多案例编码分析发现，互联网平台企业是以连接盈利端与补贴端用户并满足彼此需求为运行机制的载体，其盈利端数据资源的经济学属性表现为相似性而补贴端数据资源的经济学属性表现为归属性。本书通过对互联网平台企业运行机制与数据资源属性的提炼与界定，一方面对现有互联网平台企业的相关理论研究起到了补充和完善作用，另一方面在人、财、物资源要素体系的基础上补充了数据资源这一新资源要素并提炼了数据资源的经济学属性，对尚处于萌芽阶段的大数据经济学理论的构建和发展起到了一定的推动作用。

其次，本书构建了互联网情境下平台企业竞合战略理论框架。当供应链理论与资源视角的竞合理论在解释互联网平台企业的竞合互动规律遇到挑战时，本书基于互联网情境将平台理论、数据资源属性与竞合理论相结合，通过跨案例分析与比较构建了互联网情境下平台企业竞合战略的理论框架，归纳出竞争占优的对抗型、合作占优的伙伴型、无明显互动的孤立型以及竞合共存的适应型四种竞合战略类型，并揭示了平台机制与数据资源属性对竞合战略选择影响的内在机理，丰富并完善了现有的竞合理论。

最后，本书从数据资源视角提炼了不同竞合战略下相应的竞合行为构念。以往对竞合理论的研究，学者们更多聚焦于竞合战略的类型划分、前因变量及结果变量，对不同竞合战略下企业进行的竞合行为决策却鲜有文献探讨。本书通过对现有理论的梳理和对实践案例的提炼，基于数据资源的配置倾向与应用倾向，分别提炼了伙伴型战略下的互补深耕竞合行为、对抗型战略的边界差异竞合行为、适应型战略的协同差异竞合行为以及孤立型战略的专业深耕竞合行为，对竞合理论在竞合行为决策方面的研究进行了补充与延伸。

第2章 理论基础与文献综述

2.1 竞合理论

2.1.1 竞合理论概述

20世纪90年代早期的以对抗性竞争为导向的竞争战略理论过分强调竞争作用，合作通常被认为不利于竞争，"竞争的成功只能建立在对手失败的基础上"（Brandenburger and Nalebuff，1996）。对竞争的描述最初可以追溯到新古典主义经济理论，该理论对古典经济学中"竞争作为普遍现象，垄断是个别例外"的传统假定进行了批判，认为完全竞争和完全垄断是不存在的，更多是处在"不完全竞争"（垄断竞争市场和寡头垄断市场）的市场模式，因此，新古典主义经济理论将竞争描述为行业内的不同结构（Bengtsson等，1999）。传统的经济学理论认为，竞争是商业活动的主要驱动因素，竞争可以为消费者降低价格，为企业提高创新能力，对商业活动意义非凡，合作则是一种垄断式的合谋，受到排斥（Walley，2007）。产业组织理论对新古典主义经济理论进行了一定程度的批判，产业组织理论认为，在不完全竞争市场中相互竞争的企业是存在一定的相互依赖性的，从而提出了"战略集团"（strategic groups），战略集团中的企业采取的竞争行为类似，占有大致相同的市场份额；可以说一个产业中有多少种战略，就有多少个战略集团"的概念（Hunt，1972）。迈克尔·波特在其竞争三部曲（《竞争优势》《竞争战略》《国家竞争优势》）（1980—1990年）中提出了竞争优势理论和竞争战略，开创了企业竞争战略理论并引发了美国乃至世界的竞争力讨论。Poter（1990）认为，竞争是能够刺激企业创新和提升竞争优势的主要驱动因素（Poter，1990），他的研究在本质上隐含了一种静态的假设，即市场资源的稀缺性，从而相对强调了战略的竞争特性而忽略了合作的可能。但是就企业运作和长期动态来看，资源的总量是可变的，即企业之间是存在合作的可能的，因此在进行企业、国家和地区竞争优势和内外部环境分析时，需要将研究重心从"竞争"转移到"优势"的构建上，那么企业的战略目标既可以通过竞争，也可以通过合作来实现。而在大量的商业实践中，越来越多的企业意识到了仅从单一角度关注竞争或合作都是片面的，企业利益的获取需要同时考虑竞争与合作（Lado，Boyd，and Hanlon，1997；马骏，2014），因此竞争与合作开始广泛地同时存在于企业关系中，并逐渐被学者们关注（Brandenburger and Nalebuff，1996）。显然，经济全球化、网络化的发展趋势决定了企业间的关系需要建立在协同合作、和谐发展的基础上，对此Poter在其1998年的《论竞争》一书中也有体现（周晓东、项保华，2003）。

合作竞争理论正是源于理论学者和企业家们对竞争的对抗性固有缺点的认识和对当今复杂经营环境的适应，熊彼特强调，过度竞争实际上弱化了企业的创新动机，也就是说在激烈的市场竞争中，企业会由于过度竞争而缺乏超额垄断利润导致企业不能够提供自身创新发展的资金支持，而过度的合作最终可能会形成企业间的共谋，并形成一定的垄断导致企业由于缺乏竞争环境而不利于创新和发展（吴福象、周绍东，2006）。因此更多的学者认为，与那种只在理论上存在的完全竞争和完全垄断相比，介于垄断和竞争之间的适中的产业环境更有利于企业进行创新活动（吴福象、周绍东，2006）。"竞合"（coopetition）概念最初由Novell公司的CEO（首席执行官）Ray Noorda于1989年首次提出，1996年布兰登勃格和拜瑞·J.内勒巴夫（Brandenburger and Nalebuff）合著的《合作竞争（co-opetition）》一书的问世，将竞合思想引入管理领域，他们认为"企业经营活动是一种特殊的博弈，是一种可以实现双赢的非零和博弈"，自此竞合理论应运而生。随后，Bengtsson等（1999，2000）在此基础上，将竞合从理论视角做了进一步的概念剖析和类型划分，为竞合理论的发展奠定了基础。

经过20年的发展，竞合理论在前因变量、过程演化、类型划分和结果变量等方面均取得了很多优秀的成果，并不断加深了与资源基础理论、资源依赖理论、供应链理论、竞争优势理论等理论的结合，如表2.1所示。其中，大多数的研究聚焦于企业竞合的前因变量和结果变量，将竞合战略看作一个变量，探讨某些因素对竞合的影响或竞合给企业带来的效果。例如，Brandenburger and Nalebuff（1996）在《合作竞争》一书中基于价值视角提出，企业间会在价值创造时倾向于合作，而在价值分配时倾向于竞争，而企业可以通过利用竞合的博弈来避免破坏性竞争，实现正和的最优结果；Rusko等（2013）则从供应链视角提出，合作更多地发生在供应链上游，而竞争则更多地发生在供应链下游；Walley（2007）则在梳理现有文献的基础上，指出资源互补性、企业相对权力、产业集中度、环境压力等内、外部因素会共同对竞合行为产生影响；Liu and Luo（2014）通过对中国家电企业的实证研究验证了企业竞合战略对于交易成本和关系受益的不同影响；Li等（2011）结合冲突管理理论，通过对300多份供应商和经销商的实证研究揭示了企业竞合对知识创新的影响。总体而言，目前学者们较为认同的影响企业竞合的关键要素有供应链上下游的活动环节、资源异质性、相互依赖度、网络位置、企业相对地位等，而学者对于结果变量的研究更多聚焦于企业竞合对财务绩效、知识获取、顾客忠诚度、创新能力、市场价值等要素的影响。另外，学者们对于企业竞合类型的研究也形成了一些优秀的成果，例如Bengtsson and Kock（2000）将企业间的竞合关系划分为了竞争占优型、合作占优型与竞合对等型；Luo（2008）将跨国企业间的竞合关系划分为了对抗型、伙伴型、孤立型和适应型。目前对于竞合类型的研究还没有形成一个较为普遍的共识，但Luo（2008）的划分方式已经得到了大多竞合领域学者的认可,并被广泛地应用到了实证研究中。最后,目前竞合理论关于竞合过程演化和影响机理方面的研究仍然存在一定的不足,尤其是对于竞合选择机理方面的研究,Ma等(2013)虽然从竞合过程的视角从知识创新等方面进行了竞合机制的研究,给后续的研究提供了一些理论参考,但是并没有提出影响企业竞合战略选择的影响内在和本质机理。

表2.1 竞合理论研究概况

作者年份	结合理论	前因变量	类型研究	机理研究	过程演化	结果变量
Brandenburger and Nalebuff(1996)	博弈论	★			★	
Brandenburger and Nalebuff(2009)	博弈论					★
项保华(2003)	竞争优势理论					
Bengtsson and Kock(2000)	供应链理论	★	★			★
Bengtsson and Kock(1999)	资源基础观			★	★	
Rusko等(2013)	供应链理论	★				
Walley(2007)	产业组织理论	★				★
Ritala and Hurmelinna-Laukkanen(2013b)	组织学习理论					★
Geraudel and Salvetat(2014)	结构洞理论	★				
Ma等(2013)	博弈论			★	★	
Lado等(1997)	竞合理论					★
Levy等(2003)	资源基础理论					★
Luo等(2006)	竞合理论					★
Luo等(2014)	供应链理论		★			★
Ritala(2012)	战略管理理论					★
Luo(2005)	竞合理论		★			
Luo(2008)	竞合理论		★			

续表

作者年份	结合理论	前因变量	类型研究	机理研究	过程演化	结果变量
李健等（2008）	战略管理理论		★			
任新建（2012）	竞争优势理论		★			
Yuan Li（2011）	供应链理论 冲突管理理论		★			★
Gnyawali 等（2006）	结构洞理论	★				
Kotzab 等（2003）	供应链理论	★				
Mariani（2007）	组织学习理论 制度理论	★			★	
Lechner 等（2006）	创业理论					★
Wilkinson and Young（1994）	供应链理论		★			
Annika Tidström（2014）	竞合理论		★			★

2.1.2 竞合战略的相关研究

竞合的观念来源于一种共识：在企业间的相互依存关系中，价值创造过程及价值分配过程都会涉及部分一致的利益结构（刘衡 等，2009）。在这个利益结构中，竞争和合作两个要素同时存在并有着密切的关联，这就是所谓的竞合（Padula and Dagnino，2007）。竞合反映的是一种二元性关系，即价值创造过程必定涉及合作，而价值分配过程则必定涉及竞争（Brandenburger et al.，1996；陈雨田，2012）。竞争与合作并非相互对立，合作也是为了让企业获得竞争优势，因此合作也可以被看作竞争的一种补充。竞争与合作是一个矛盾统一体，二者并不相互排斥和否定，企业既可以在激烈竞争中寻求合作的机会，也可以在密切合作时促进良性的竞争，合作与竞争相互调整并不断形成平衡。正像中国传统的阴阳观一样（Li Ping，2012；李平，2013），竞合观强调事物的对立统一，这种观点突破了传统组织间关系研究中常用的竞争或合作的单一视角，提出组织间关系中同时存在竞争与合作两个要素，二者共同发挥作用、相互影响，并在一定条件下相互转化（刘衡 等，2009）。

合作竞争的内涵最早是由Nalebuff and Brandenburger（1996）提出并且引入管理学领域的，他们认为，竞合即是"一个组织与其利益相关组织在利益博弈中形成的同时既竞争又合作的一种关系"，在商业战场中双方会合作以创造市场同时竞争以分配市场，不是周期性的战争与和平，而是战争与和平并存。他们提出，竞合的核心思想主要体现在两个方面：创造市场与争夺市场，当创造市场时，商业动作表现为合作；而当进行市场分配和争夺的时候，商业动作表现为竞争。企业间存在着竞争，而由于企业间的相互联系又形成了彼此的合作，这种合作竞争关系可以把两家甚至多家企业的核心能力有机地结合起来，形成比较竞争优势。目前对于竞合关系的概念界定大概可以分为三个视角，首先，以Nalebuff and Brandenburger（1996）为代表的视角将竞合关系界定为两两企业间同时存在的既竞争又合作的关系，例如Bengtsson等（2000）认为，竞合即是处于供应链同一位置的水平关系的竞争者间同时存在竞争与合作关系。Luo（2008）在对跨国企业竞合战略进行研究时也提出，竞合应该是处于同行业的两两企业间存在的同时竞争与合作的关系，两家企业通常会在特定的领域进行合作，并在其他领域进行竞争；我国学者刘衡等（2009）总结了企业竞合的内涵，对竞合的测量、竞合的前因变量和结果变量等问题进行了探讨，他们认为，竞争与合作是一个矛盾的统一体，彼此并不排斥和否认，竞合理论强调的是两者的对立统一，两者共同发挥作用，企业在竞争中寻找彼此合作的机会，并通过合作进行竞争。其次，也有一些学者将其界定为企业与一家竞争者进行竞争，而与第三家竞争者进行合作的"三方关系"。例如，Bengtsson等（1999）提出，竞合是企业网络中的一种新型企业关系形态，他们将企业竞合看作商业网络内企业在某一时间与一家企业合作，而在另一时间与另一家企业竞争的"三角关系"，并通过案例研究的方法对商业网络内企业间的竞争与合作的动态演化过程进行了详细的描述。最后，还有少数学者从网络视角出发，将竞合关系界定为在一定商业网络中多家企业之间通过竞争与合作连接成的竞合关系网络，并且网络中一家企业的行为会引起网络内其他竞争者的竞合战略变化。目前在竞合理论的多数研究中，较受普遍认可和广泛使用的都是第一种界定方式，即两两企业间同时存在的既竞争又合作的关系。具体的概念界定如表2.2所示。

表2.2 竞合关系的概念界定

学者年份	概念视角	概念
Hamel（1989）	网络竞合	直接竞争对手之间的合作，组织之间通过提供互补性的资源、技能和能力共同从事某项活动来寻求共同利益的行为
Brandenburger and Nalebuff，1996	配对竞合	企业间在相同（产品或）市场上存在的既竞争又合作的关系，也就是同时存在竞争和合作的关系
Bengtsson and Kock，1999	三角竞合	竞合关系即是竞争对手之间的合作关系，同一家企业可以同时和多个竞争者涉及多种合作关系，因为他们会和一位竞争者进行密切合作，而与另外一名竞争者进行激烈竞争
Bengtsson and Kock，2000	配对竞合	两家企业之间同时进行的既竞争与合作的关系
Luo等（2005）	配对竞合	竞合关系是同时包括竞争与合作的一种倾向、现象和过程
Christian Lechner 等（2006）	三角竞合	是与直接竞争者间的关系
Padula and Dagnino（2007）	三角竞合	竞合实质上是竞合博弈，是组织间基于利益部分一致的结构而互动
Luo等（2008）	配对竞合	两家或更多竞争者在全球市场上同时进行合作和竞争，竞争者间因互相依赖而进行合作，因互相独立而竞争
刘衡等（2009）	配对竞合	竞争与合作是一个矛盾的统一体，彼此并不排斥和否认，竞合理论强调的是两者的对立统一，两者共同发挥作用，企业在竞争中寻找彼此合作的机会，并通过合作进行竞争

续表

学者年份	概念视角	概念
Luo（2008）	网络竞合	两两竞合的企业加在一起在全球层面都会组成多种配对，从企业参与竞合所涉及的国外市场的数量和所涉及的地理宽度两个维度看，参与竞合的多个企业最终会在全球范围内形成一个竞合关系网络
李健等（2008）	网络竞合	战略联盟内企业之间存在竞争或合作的关系，将所有企业的竞争与合作的关系看作联盟内的有机整体即形成了战略联盟内多样的竞合关系

学者们对企业竞合战略类型的研究，目前大致可以划分为两个角度，一是针对供应链上下游企业之间的竞争与合作，这也被称为垂直关系的竞合；另一种是针对供应链相同位置的同行业企业之间的竞争与合作，这也被称为水平关系的竞合。其中，在垂直关系中的企业间竞合战略由于存在直接的经济交易而更易辨认，因此早期的研究更多聚焦于此视角对企业竞合类型进行划分，例如Li（2011）等针对供应链关系中的经销商与制造商探究二者间的竞合关系对知识获取的影响，并将其竞合关系划分为了合作关系、破坏性冲突、建设性冲突3个竞合战略类型；Bengtsson and Kock（2000）则针对供应链上下游的视角将企业间的竞合战略划分为了竞争占优型、合作占优型和竞合对等型关系；Wilkinson and Young（1994）把渠道上下游伙伴间的竞合关系分为高合作高竞争竞合型、高合作低竞争伙伴型、低合作高竞争冲突型和低合作低竞争依赖型四种。虽然针对水平关系的企业竞合互动很难被观察到，但也取得了一些优秀的成果，其中Luo（2005，2008）在研究跨国企业间的竞合战略时，从竞争强度和合作强度两个维度将竞合关系划分为了对抗型、孤立型、伙伴型和适应型四种类型，并对各类型战略所对应采取的策略行为（tactics）进行详细描述。其中，对抗型指的是当企业与其他竞争者为了竞争地位、市场份额、市场力量等进行争夺而保持的高竞争低合作的状态；孤立型是指企业与其他竞争者没有显著的互动，几乎独立地在市场上进行活动而保持的低竞争低合作的状态；伙伴型是指企业与竞争者间以互补的

能力和资源寻求协同时保持的高合作低竞争的状态；适应型是指企业在相互依赖的同时独立地追求各自的目标而保持的高合作高竞争的状态，一般来说这种高合作高竞争会体现为在一定领域的合作和另一个领域的竞争。此外，Luo（2008）还从参与竞合的企业数量和竞合涉及的市场数量角度将竞合划分为了分散型、集中型、连接型和网路型四类。我国学者李健、金占明等人（2008）从网络视角出发探究战略联盟内部企业间的竞合关系，将竞合关系类型划分为竞赛关系、协调关系、弱关联关系和友好关系；Bengtsson and Kock（1999）则从网络视角将企业间竞合关系划分为了竞争型、合作型、共存型和高竞合型。具体的竞合关系划分如表2.3所示。

表2.3 竞合关系类型划分

学者（年份）	划分视角	维度划分	类型内容
Bengtsson and Kock（1999）	水平关系视角	竞争强度与合作强度	竞争型、合作型、共存型和高竞合型
Bengtsson and Kock（2000）	垂直关系视角	竞争强度与合作强度	竞争占优型、合作占优型、竞争合作对等型
Luo（2008）	水平关系视角	竞争强度与合作强度	孤立型、伙伴型、对抗型、适应型
Luo（2008）	水平关系视角	地理宽度与市场数量	分散型、集中型、连接型、网络型
Yuan Li，Yi Liu and Heng Liu（2011）	垂直关系视角	冲突与合作	合作、建设性冲突、破坏性冲突
李健、金占明（2008）	水平关系视角	竞争强度与合作强度	竞赛关系、协调关系、弱关联关系、友好关系

由此来看，目前学术界对于企业竞合关系类型的划分主要有两种方法（如图2.1所示），一是一维的竞争与合作的"两极"划分法，即以竞争与合作看作关系的两极，竞争关系与合作关系强弱程度的不同组成了不同的竞合关系，但是这种划分方式将竞争与合作看作是相互独立、相互削弱

的关系，与竞合行为中既包含竞争又包含合作的界定有所出入（任新建，2006）；二是以竞争强度与合作强度作为两个维度的二维划分法，即是以竞争强度与合作强度两个维度划分为的2×2的矩阵形式展现的，这种竞争与合作同时存在、相互联系、共同发挥作用的划分方式目前受到学术界普遍认同和广泛使用。

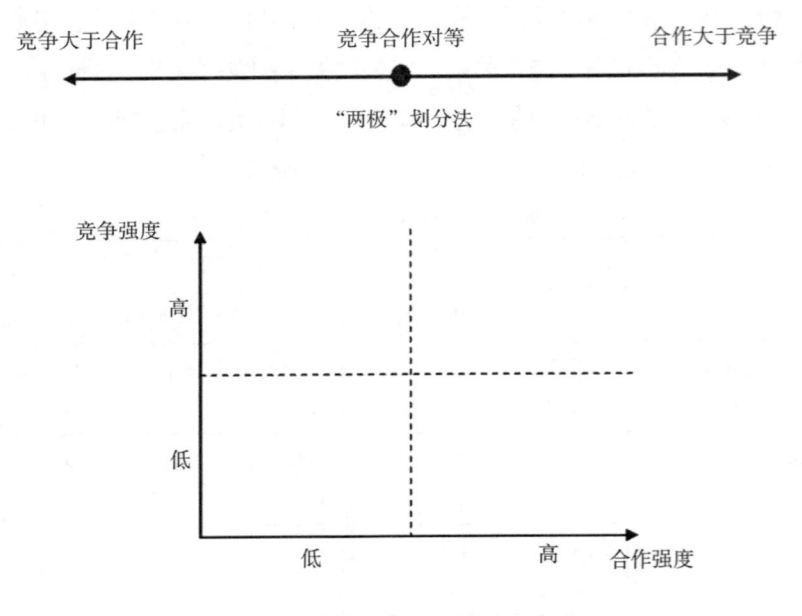

图2.1　竞合关系类型划分法比较图

目前对于竞合战略类型划分的研究成果较多，但是针对每一类竞合战略下的具体竞合策略与行为的研究仍然不够深入，如表2.4，目前与竞合行为相关的研究成果大多聚焦于企业内部的部门层面以及个体层面，例如Fernandez等（2014）基于案例研究的方法从部门层面的竞合行为进行了深入探索，提出部门间采取的竞合行为主要有增加合作团队的人数、合理安排项目进程、产业工作成果共享、共同解决困难、分享战略信息、财务信息保密、给项目经理的权力设置困难、在合作时互有保留等行为；Tidström（2016）则从个体层面研究了团队内部员工间的竞合行为，提出员工间建立在合作的基础上，但仍然会出现勉强合作、绝不合作、分享挑战和目标但不分享信息等行为。针对部门间和个体层面的竞合行为研究的基本假定是部门或个体间的竞合是建立在合作基础上的冲突，这与大多供应链上下游企业层面的竞合研究假定相似，却不同于同行业企业间竞争与合作相互独立又相互协调的基本假定。与部门层面和个体层面竞合行为的研究不同，针对企业层面的研究则相对较少，只有Luo（2008）在对企业间的竞合战略进行类型划分后，提出了智力聚集、填补空白、耍手段获取地位和位置、领域专业化、规模扩张、垂直整合、协同延伸、价值共享、增强依赖性、边界分析、松散耦合等竞合行为，虽然并没有被广泛应用和进一步研究，却给后续竞合行为的研究指明了一定的方向。

表2.4 竞合行为研究现状

学者年份	研究层面	竞合策略
Anne-Sophie Fernandez, Frédéric Le Roy and Devi R. Gnyawali，2014	部门层面	增加合作团队的人数、合理安排项目进程、产业工作成果共享、共同解决困难
Tatbeeq Raza-Ullah等，2014	部门层面	分享战略信息、财务信息保密、给项目经理的权力设置困难、在合作时互有保留
Annika Tidström and Anni Rajala，2016	个体层面	勉强合作、绝不合作、分享挑战和目标但不分享信息
Luo，2008	企业层面	智力聚集、填补空白、耍手段获取地位和位置、领域专业化、规模扩张、垂直整合、协同延伸、价值共享、增强依赖性、边界分析、松散耦合

2.1.3 现有研究述评

竞合理论目前在概念的界定、动因的分析、类型的划分和绩效的体现方面都形成了较多的研究成果。其中，目前竞合关系类型的划分大多是根据竞争和合作两个维度进行的，而对竞合关系主体的研究大体可以划分为以供应链上下游关系的企业间垂直关系（项保华，2009；Li et al.，

2011；Luo，2008）和处于供应链相同位置的企业间水平关系（Bengtsson and Kock，2000；Luo，2005），而大多数学者们集中在了垂直关系中，因为这类关系存在直接的经济交易，其竞争与合作更容易被观察到，反之水平关系的企业间竞争更容易被观察到，合作却不容易，因为他们之间并不存在直接的经济交易（Bengtsson and Kock，1999）。随着互联网经济的到来，学者们对竞合关系的内涵和外延再次进行了修正和延伸（Walley，2007；Bengtsson and Kock，2014），他们认为，目前的竞合关系已经不能仅仅局限在"水平关系"的同行业间或者是"垂直关系"的供应链上下游中，同业竞争者与上下游间、企业内部、消费者间都存在着同时竞争与合作的关系，而Bengtsson and Kock（1999，2000）引入了Poter（1985）的价值链理论，并在网络视角下对企业间合作竞争现象进行了研究，他们的研究结合了网络理论和价值链理论，在一定程度上对合作竞争理论进行了延伸，由此竞合关系的范围得到了扩展。

然而，目前对于竞合关系的相关机理方面的研究和竞合行为的相关研究仍然需要突破，Nalebuff and Brandenburger（1996）在《合作竞争》一书中提出，在价值创造时企业会倾向合作，而在价值获取时倾向竞争；Bengtsson等人（2000）则从供应链角度提出，企业会在远离消费者的一端，也就是在供应链上游端倾向于合作，而在靠近消费者的一端，也就是在供应链下游倾向于竞争；Luo（2008）、Bengtsson and Kock（1999）等学者在研究中均发现了资源的相似性是影响竞合关系强度的关键因素，企业在同质性资源上表现出竞争，而在异质性资源上会表现出合作。这些学者的研究成果可以为后续对于竞合关系机理方面的研究提供良好的理论基础，为未来研究指明方向。后续的研究可以进一步针对动因和竞合关系间的影响机理进行深入的探索，例如探讨在何种情况下，企业会选择高合作高竞争的竞合战略等，为竞合理论在机理方面的研究提供更多的理论贡献。

2.2 资源的相关理论

2.2.1 资源基础理论与资源依赖理论概述

1. 资源基础理论

围绕企业竞争优势的获取与维持这一战略管理理论研究的核心话题，很多学者从不同的视角出发，探究了竞争优势的来源、作用机制以及持续竞争优势等问题，这些研究和探讨为我们系统、全面而深入地理解和分析竞争优势奠定了良好的理论基础。然而随着企业所处的环境动态性不断加深，理论学者和企业家们逐渐意识到，他们仅关注外生市场力量的竞争优势理论而忽略了企业自身因素在竞争优势获取中所起到的作用（Rumet，1991），于是研究者们将企业竞争优势的研究视角逐渐从外部转移到企业内部（黄旭、程林林，2005）。为了更好地理解和分析企业获取并维持竞争优势的问题，资源基础观（resource-based view of the firm，RBV）于20世纪80年代应运而生。

资源基础观将早期战略文献从关注产业和竞争环境的外部分析转向关注企业独特资源和能力的内部分析。严格来说，资源基础观这一理念是由Selznick（1957）在其著作《管理中的领导行为》中首次提出的，他提出"独特能力（distinctive competence）"的概念来描述领导能力，认为由于组织间所具有的不同组织成熟度和所处的不同组织环境，导致了各组织之间拥有不同的独特能力，并强调独特能力的发展有赖于对组织整体性的保护，这些不同的独特能力将随着组织发展而帮助组织完成独特的工作和任务。这些观点揭示了"各公司所具有的资源都是相异的"这一RBV的基本思想，随后，Chandler（1962）、Andrews（1971）及Ansoff（1965）等学者的研究也沿用了独特能力这一概念（黄旭 等，2005）。然而，虽然资源基础观起源甚早，但从20世纪80年代才真正赋予其理论基础。Penrose（1959）在《企业成长理论（*The theory of the growth of the firm*）》一书中提出，企业基本上可以被看作生产性资源的集合，企业建立强大的资源优势要远胜于拥有突出的市场优势。他在书中利用经济学原理探讨了企业资源与企业成长之间的逻辑关系，并通过提出"组织不均衡成长理论"，赋予了资源基础观念一定的理论支撑。同时他对"企业应该被看作黑箱"这一传统理论观点进行了修正，他认为，企业应该是"被一个行政管理框架协调并限定边界的资源集合"，企业内部的资源和能力构筑了企业绩效和企业发展的坚实基础，是企业实现生存和成长的源泉。最后，Wernerfelt and Rumelt（1984）、Barney（1986）等学者在探究持续竞争优势问题时，发现资源与能力的积累与培养能够帮助企业形成长期的持续竞争优势，Barney（1986）将其称为"资源基础模式"。Wernerfelt（1984）在《基于资源的企业观》一文中明确提出了"资源基础观"一词，并借鉴Penrose的观点将企业看作"有形与无形资源的独特组合"而非"产品市场的活动"，他将"资源"替换"产品"的这一观点改变了人们在企业战略思考中的惯性思维，这种转变将企业战略制定的基础从外部产业结构分析逐渐转移至内部资源能力分析的"资源基础观"上，对企业战略决策的商业实践有着深远意义。

真正以资源基础理论（resource-based theory，简称RBT）称呼RBV的是Grant（1991），他从两个层面对资源与战略之间的关系进行了探讨，并明确提出了资源基础理论：一是探讨了公司战略层面中资源在决定企业活动的产业或地理边界中起到的作用；二是在事业部战略层面探讨了资源、竞争与利润之间的关系。他强调，企业内部的资源与能力能够引导企业战略的发展方向，并成为企业利润的主要源泉。资源基础理论在企业生存与发展以及战略管理的一系列基础问题上具有其独到的见解，因而具有广泛而深远的意义，成了近年来最具影响的学术流派之一，并在不断的发展中衍生了知识基础理论、动态能力理论、企业能力理论等产物，形成了较为完善的理论体系。

在资源基础理论提出和完善的时期，很多学者对资源的概念界定和特性进行了深入研究和探索，其中Barney（1991）的界定方式较受学术界认可，他将企业资源定义为："企业控制的能够使一个企业制定和执行提高其效率和效益的战略的所有资产、能力、组织流程、企业属性、信息、知识等。用传统战略分析的语言描述，企业资源就是企业在制定和执行其战略时可利用的力量。"企业之所以能够保持长期的持续竞争优势，是由于其自身所拥有的异质性资源。但是并非所有资源都能够给企业带来持续的竞争优势，只有那些能够帮助企业制定并实施企业战略，从而提升企业绩效的资源才被称为企业资源。Barney（1991）在"企业资源与可持续竞争优势"一文中明确指出，能够为企业带来持续竞争优势的资源应该是具有价值性、稀缺性、不可仿制性和无法替代性的。首先，资源应该具有价值性。资源的价值性即是指企业资源必须能够有效利用机会，规避环境存在的潜在风险，并帮助企业选择并实施提升企业效率和绩效的战略，这样的资源才是有价值的资源。其次，资源应该具有稀缺性。资源的稀缺性意味着并非所有企业都可以获得帮助自身实施战略并提升绩效的资源，只有这种有价值的资源具备稀缺性时才有可能成为企业持续竞争优势的来源。若是具有价值性的资源同时被众多企业同时拥有，则这些企业均有能力以相同的方法来利用该资源实施战略并提高绩效，如此这些趋于相同的任何企业都不会具有持续竞争优势。只有越稀少的企业资源才更具有价值性。第三，资源应该具有不可仿制性。资源的不可仿制性意味着当企业拥有某项资源并通过该资源获取竞争优势时，其他企业不能够通过模仿来获取与该企业相同的资源和竞争优势。因为如果资源是可以被模仿的，那么很多企业都可以通过模仿来拥有同样的资源并获取同样的竞争优势，那么这种竞争优势会随之消失。最后，资源应该具有不可替代性。资源的不可替代意味着企业资源不可能存在有价值、难以模仿且稀缺的战略等价物，战略等价物即是指两项企业资源能够独立地支持相同的企业战略的实施。若企业资源存在战略等价物，则其他企业就可以利用不同的资源和不同的方式来实施相同的战略，从而拥有相同的竞争优势，那么这种相同的竞争优势就会不可持续并且消失。通过一系列的论证，Barney（1991）提出当具有价值性、稀缺性、难以模仿性和难以替代性这四个属性时，该资源就成了企业获取与保持竞争优势的源泉。

资源基础理论的基本观点认为，各组织都拥有着不同的资源，这些异质性的资源导致了组织间的差异化绩效。而那些有能力获取并持有那些具有价值性、稀缺性、难以模仿性和难以替代性的异质性资源的组织将获得优于其他竞争者的持续竞争优势。企业能够保证竞争优势的持续性主要依靠两个因素：一是企业资源的异质性以及该异质的稳定性；二是资源难以在组织间进行自由的流动或转移。综上所述，企业的长期持续竞争优势是来自企业所拥有和控制的难以模仿、难以替代的有价值的稀缺性资源和战略资产。

2. 资源依赖理论

早期的资源基础理论的相关研究被称为"封闭系统研究"，随着外部制度、市场和文化等环境的不确定性与复杂性不断增强，学者们开始意识到，组织必须与外部环境相互作用才能实现生存，并重点关注了外部环境对组织的影响，资源依赖理论应运而生（吴小节 等，2014）。Pfeffer and Salancik（1978）合著的《组织的外部控制：资源依赖视角》一书成了组织理论与战略管理理论领域内最有影响力的理论之一，也标志着资源依赖理论的形成。

与资源基础观理论侧重企业内部资源不同的是，资源依赖理论更多地看到外部环境对于企业的内部资源和经营行为的影响，重视企业从外部获取资源（王冲，2016）。资源依赖理论强调资源的依赖性，即任何组织都不能自给自足，需要与外界交换资源，通过与外部经济体的交换，企业就可以获得所需要的重要资源，企业之间进行资源交换时，双方就产生了对彼此的资源依赖。资源依赖理论中提出了4个重要的理论假设：（1）组织最关心的问题是自身的生存问题；（2）任何组织都不能完全依靠自己来独立获取所需的全部要素或资源，因此组织必须从外部环境中获取资源以实现自身生存；（3）组织不得不为了实现自身生存而与它所依赖的外部环境中的其他组织进行互动；（4）组织是否能够实现自身生存，取决于该组织是否有能力控制并主导它与其他组织的关系。Pfeffer and Salancik（1978）提出，组织对外部环境中的资源依赖程度的高低主要取决于3个方面：（1）该种资源对维持组织正常运行和实现生存的重要程度；（2）拥有该种资源的组织，其对资源分配与使用的控制能力；（3）替代性资源是否较容易获取。如果组织将某种极其稀缺的资源视为必需品，而又找不到可以替代该种资源的等价物，则组织将会高度依赖于外部环境中持有该资源的其他组织。

资源依赖理论的另一个重要观点是，依赖可以是相互的，当一个组织对另一个组织的依赖性大于另一组织对该组织的依赖性，则组织间的权力地位将变得不平等。Emerson（1962）最早对这种权力地位进行了定义，它隐匿在组织之间的依赖中，来自其中一方对另一方所控制的资源的依赖（Scott，2011）。Casciaro and Piskorski（2005）将这种权力不均衡定义为"两个组织间权力的差异"，并将组织间的相互依赖性定义为"组织间依赖的总和"，他们在研究中发现，这种相互依赖会促进组织间联盟的形成，而权力不均衡则会阻碍这种联盟的形成。

资源依赖理论将组织看作一个开放的系统，并认为任何一个组织都不可能独立获取实现自身生存和发展所需的全部资源，资源依赖性促使组织对于外部环境中的其他组织拥有了外部控制的机会和可能，这也带来了组织之间的权力地位的差异。

2.2.2 资源相关理论与竞合理论

一方面，资源基础理论认为，企业通过异质性资源的价值性、稀缺性、难以模仿性和难以替代性获得企业的竞争优势，资源基础理论为竞争优势和战略管理领域的研究提供了一个内部视角，从企业内部资源属性、竞争优势等特点入手与竞合理论进行了结合；另一方面，虽然资源基础理论假设了竞争优势是企业内部特性，但也承认了企业与行业间不可分开的联系，竞争优势和竞争位置对彼此都会有联系，而且他们对企业绩效都很有重要的影响。资源依赖学派的Pfeffer（1981）等人通过探讨组织与环境或其他外部组织之间的互动关系时，提出组织若想在多样性、复杂性、不确定性的环境中实现生存与发展，就必须从外部环境中获取自身生存与发展所需的资源。事实上，特别是对于很多无法在内部开发有价值、稀缺、难以模仿、不持续的资源的初创企业来说，有些独特性资源在企业边界外围是可用的。因此，在资源稀缺的大环境下，企业会更趋向构建竞争-合作机制来获得长期资源，即使短期可能无法带来可观的收益效果。由此，学者们分别从资源基础观和资源依赖观的视角对企业的竞合互动行为展开了一系列的研究，Gnyawali and Park（2009）提出，资源约束和来自更强竞争对手的挑战是组织间竞合关系的动力。Walley（2007）通过对竞合的组织间关系与竞争的组织间关系的比较与分析，提出竞合关系中的组织倾向于控制资源并对该资源进行利用，而竞争关系中的组织倾向于拥有资源并将该资源看作组织竞争优势的源泉。在竞合关系中，组织资源被看作维持与竞争者之间竞合关系的基础，而在竞争关系中，资源本身则是被作为组织的竞争优势。Dyer（1998）提出，互补资源是联盟伙伴的特色资源集合到一起产生的价值总和，比单个伙伴独自利用各自资源产生价值高很多。Ritala等（2014）发现，企业整合补充性和互补性资源要比各自使用资源创造更多价值，特有资源的作用决定了创造价值的多少，在面对不同资源时，企业需要考虑哪种资源更适合自己并制定相应的竞合战略，通过利用互补性和补充性资源将创造的价值最大化。Luo（2008）、Bengtsson（2000）等学者在研究中均发现了资源的相似性是影响竞合关系强度的关键因素，企业在同质性资源上表现出竞争，而在异质性资源上会表现出合作。Bengtsson（1999）则将企业之间的竞合战略划分为了共存关系、竞合关系、合作关系与竞争关系四种类型，并从资源依赖理论的视角提出，共存关系中的两家企业之间一般都有着较低的相互依赖性，并且有着一定的权力地位差距，这种差距一般来源于一个主体的主导地位或优势；合作关系中的两家企业之间则存在着较高的相互依赖性，同时由于正式协议的协调可能会带来权力地位的差距；竞争关系中的两家企业之间则存在着较低的相互依赖性，并且在商业网络中的权力地位相对平等，因此企业之间的零和博弈较强；竞合关系中的两家企业之间一般具有较强的相互依赖性，且这种依赖性来源于正式或非正式协议的规定，而企业之间的权力地位一般也是对等的。同时，Luo（2005）发现，资源互补将资源依赖效应放大，互补的资源和能力会加强企业间的合作与协同。

2.2.3 传统资源理论与数据资源

随着21世纪的互联网热潮到来，来自互联网的海量大数据资源成了继"土地、资本、劳动"生产三要素后的第四生产要素，并逐步替代传统三要素居于主导地位，成了现代社会最不容忽视的经济资源。2011年5月全球知名咨询公司麦肯锡（Mckinsey and Company）发布的《大数据：创新、竞争和生产力的下一个前沿领域》提出了"数据已经渗透到每一个行业和业务职能领域，并逐渐成为重要的生产因素；而人们对于海量数据的运用将预示着新一波生产率增长和消费者盈余浪潮的到来"（俞立平，2013），这一报告强调了大数据在未来社会发展的重要性，也标志着大数据时代的到来。对于很多传统企业来说，他们并不具备分析海量数据的能力，数据资源也因此被看作是互联网企业的独特资源，即"无数据，不互联网"。而将互联网情境下的大数据资源作为单独的资源样式进行阐释，是基于大数据资源拥有其他传统资源所不具有的特质。英国学者维克托·迈尔·舍恩伯格（Victor Mayer. Schonberger, 2012）在《大数据时代（Big Data）》一书中提出，大数据的价值就像是漂浮在海洋中的冰山，大部分的价值都隐藏在海平面之下，我们通常看到的只是露在海面上的冰山一角。在大数据时代，人类从依靠自身判断做决定，转变为普遍依靠数据做决定，大数据蕴藏的巨大价值并不仅仅体现在某一特定用途，它能够由于多个目的被多次使用。随着网络购物、订餐、缴费的普及，互联网移动终端逐渐成为百姓生活中不可缺少的一部分，大量的数据资源被互联网企业所掌控，这些企业通过对数据资源的挖掘和分析，可以轻松获取并观察到消费者的各种行为特点和行为偏好的发展变化，发掘大数据资源中蕴藏的巨大商业价值并加以利用。因此，能够掌控并有效利用大量数据资源的互联网企业无疑能够在新一轮的商业竞争中迅速展开各种扩张战略，由此数据资源在商业领域被推上了更为重要的位置（杜丹清，2015）。而数据资源较少的中小企业在数据的应用方面则显得更加紧迫，因为这事关企业的定位、产品的销售、运营的好坏……对于企业的存亡至关重要。因此对于初创的中小企业来说，数据资源显得更为重要。根据美国学者对179家大型企业进行的研究，采用"数据驱动型决策"模式的企业生产力普遍可以提高5%到6%，在互联网下，管理者可以利用大数据分析直接将知识转化为提升了的决策和绩效（阿里研究院，2015）。

目前，学术界和实践界对大数据资源的研究和应用的关注度持续升温，但多数学者们对于数据资源的研究都集中于计算机领域，大多都是关于数据的获取、存储、分析、处理、管理和应用等技术层面。很多学者意识到了大数据资源蕴藏的潜在商业价值，并预测大数据可能对经济社会产生的深远影响，因此将大数据看作一种资源并引入了管理学领域的研究。目前对于数据资源的定义，学术界和产业界均未形成较为成熟的界定方式（如表2.5所示），其中我国学者杨善林（2015）将大数据资源引入了管理学领域并对其进行了界定：大数据是一类能够反映物质世界和精神世界运动状态和状态变化的信息资源，它具有复杂性、决策有用性、高速增长性、价值稀疏性和可重复开采性，一般具有多种潜在价值。

表2.5 大数据的概念界定

出处	定义
麦肯锡公司（McKinsey and Company）	大数据存在于巨大的数据池中，池中的数据可以被采集、传递、聚集、存储和分析。与固定资产和人力资本等其他重要的生产要素类似，没有数据，很多现代经济活动、创新和增长都不会发生，这正成为越来越普遍的现象
IBM公司	大数据可以用4个特征来描述，即规模性（volume）、高速性（velocity）、多样性（variety）和真实性（veracity），上述4个特征构成了"大数据"
美国国家科学基金会（NSF）	大数据是指由科学仪器、传感器、网上交易、电子邮件、视频、点击流以及所有其他现在或将来可用的数字源产生的大规模、多样的、复杂的、纵向的、分布式的数据集
杨善林（2015）	大数据是一类能够反映物质世界和精神世界运动状态和状态变化的信息资源，它具有复杂性、决策有用性、高速增长性、价值稀疏性和可重复开采性，一般具有多种潜在价值
Gerard George 等（2014）	大数据产生于不断增加的多点来源，包括互联网点击、手机交易、用户内容、社会媒体，还有通过传感网络和商业交易自发产生的内容
马建光等（2013）	大数据的概念与"海量数据"不同，后者只强调数据的量，而大数据不仅用来描述大量的数据，还更进一步指出数据的复杂形式、数据的快速时间特性以及对数据的分析、处理等专业化处理，最终获得有价值信息的能力

与传统观念的人力、财务和土地资源相比，数据资源在一定程度上与他们具有相似性，例如难以模仿性、难以替代性和能够给企业带来持续的竞争优势。但同时数据资源也具有与传统资源不同的属性，例如传统资源属性是排他性、稀缺性、难以模仿性（Barney，1991），并且总存量会随着人类不断开采而逐渐减少，但是数据资源的属性却是海量性（volume）、多样性（variety）、高速性（velocity）、共享性、价值稀疏性（value），并且数据资源不仅不会由于不断的开采和挖掘而减少，反而会呈指数性增加。具体而言，数据资源所具有的属性有以下几点。

（1）海量性。海量性是大数据的基本特征，带来数据资源海量性特征的原因主要有三个：一是由于互联网的普及。在互联网尚未普及的从前，仅有很少的机构可以通过调查、取样的方法获取数据，而能够发布数据的机构也非常有限，因此人们难以在短期内得到很多的信息和数据，但随着互联网热潮的到来，用户在网络上的点击、浏览、搜索、分享等行为都能够留下痕迹并形成大量数据，从而使得数据的获取和分享变得更为容易。二是由于各种传感器获取数据的能力大幅提升。早期人们对数据的处理方式一般是采用表格的形式进行数据收集、存储和整理，并进行标准化和单位化的处理，这种类型简单、维度低且规模有限的数据通常会造成对原始事物的抽象化。而随着传感应用的不断发展，数据的维度不断提高、数据规模不断扩大，图像、视频等二维数据的大量涌现以及三维扫描设备和 Kinect（体感器）等动作捕捉设备的普及，促使数据的描述能力不断增强，人们通过对数据的挖掘也能够更接近原始事物本身。三是人们对数据处理方法与理念的转变。早期人们一直采用抽样的方法以部分数据来描述事物的全貌，但这种抽样方法在分析的过程中经常会出现大小不一的偏差，因此人们对事物的了解受限于其对数据获取与分析的能力。随着大数据时代的来临，人们开始习惯对总体大数据进行处理和分析，从而提高了数据描述事物的精确性。

（2）共享性。在当今世界的一定规则开放性下，大数据资源可以依靠应用程序接口技术和爬虫采集技术实现共享，并且这种共享与传统的人、财、物资源不同，传统资源并不能够实现被两家或多家企业同时拥有和运用，而大数据资源是可以在短时间内实现被两家或多家企业的共同拥有和应用。共享性成为这种开放公开、容易获得的数据资源的基本特征，在当今的大数据时代产生巨大的社会影响（张兰廷，2014）。

（3）价值稀疏性。数据资源的价值稀疏性意味着少量大数据资源拥有较低的价值密度，这是非结构化数据的重要属性。与传统的被标准化处理过后的结构化数据不同，大数据资源由于直接采用全体原始数据而不是对数据进行抽象化处理，所呈现的所有数据和全部细节信息虽然能够更全面地进行分析和挖掘，却也引入了大量没有意义的信息，因此数据资源的价值密度偏低。但是这种价值稀疏性是相对而言的，数据资源中蕴含的有效信息相对于整体数据而言偏少，因此少量的数据资源能够分析出的有效信息可能相较于更大量的数据资源要少很多，而当更海量的数据资源融合到一起后，隐含在数据之中的巨大价值才可能显现出来，因此，数据资源的价值稀疏性是随着数据规模的增加而呈现降低的趋势，从而数据资源的总体价值会呈现爆发式增长。（马建光，2013；杨善林，2015）。

（4）高速性。与石油等自然资源的不可再生性不同，大数据资源是具有高速增长性的，即大数据资源不仅不会由于人们的不断挖掘、开采和利用而减少，反而会由于生成新的数据资源而迅速增加。大数据的迅速增加是呈指数性，甚至呈爆发性态势的（杨善林，2015）。

针对资源类型的划分，邵剑兵等（2015）将数据资源划分为基础资源、公众资源和商业资源三个层次，第一层次为基础层次，即企业所获得的大数据本身；第二层次为公众层次，即企业利用大数据形成的、能够描述某个地域公众活动特征的产品；第三层次为商业层次，即企业利用大数据开发出来并可以进行商业化运营的产品。杨善林（2015）将数据资源划分为私有大数据（private big data）、公有大数据（public big data）和混合大数据（hybrid big data）。

对于互联网情境下的大数据资源，各大互联网企业已经认识到了大数据资源所蕴藏的巨大商业价值，并针对数据资源在市场上展开了迅速的布局，而不掌握大量数据资源的小型企业在这些市场和领域很难有所作为。而百度、阿里巴巴、腾讯等龙头互联网企业由于在搜索、电商和社交方面的稳固的数据优势，使得它们可以在跨界整合获取数据资源方面展开战略布局。在某种意义上可以说，时代变幻看数据，得数据者得未来，数据资源在当今企业生存和发展中已经逐渐替代了传统的生产要素而居于主导地位，数据已不仅是记录生产经营活动的产物，现已逐渐成为企业价值的源泉并被提升到了企业战略资源的高度。那些作为企业商业秘密的竞争性和创新性无形资产的数据资源已经形成了企业的核心竞争力，数据的安全问题已经关乎企业的生死存亡。因此，大数据时代下的市场生态系统变得更为开放且竞争也日趋激烈，能够对大数据进行迅速的挖掘、分析，并在企业的垂直领域业务上对数据资源进行快速回应，业已成为企业脱颖而出并拥有持续竞争优势的关键。为了能够迅速对市场做出回应，企业生态系统的协同合作更为紧密和精确，"抢夺网络内容消费入口"加速了企业间的竞争合作。

资源基础观的基本想法即各公司所具有的资源都是相异的。Barney（1991）认为，竞争优势之所以能持久，是因为公司拥有异质性以及不可移动性，该观点与 Penrose（1959）企业竞争优势是来自该企业所特有的异质性资源（heterogeneous resources）而非其他企业相近的同质性资源（homogeneous resources）的观点十分相似。但与传统资源观认为的"企业在异质性资源上合作，而在同质性资源上竞争"有所出入，互联网平台企业间针对数据资源在竞合战略的选择表现出了并不一致的倾向。与传统理论相似的是，企业无法在同一种数据资源上同时进行竞争与合作，但与传统资源观不同的是，在商业实践中，很多互联网平台企业选择了在资源高度同质的情况下进行合作。这样一来，由于数据资源存在的开放性和共享性，使得基于封闭性资源价值的传统资源基础理论似乎难以完全解释当前互联网平台企业间的竞争合作行为（龙海泉 等，2010；周和荣、王辉、张金隆，2007），而作为核心资源的数据资源的独特属性也可能会成为影响互联网平台企业间竞争合作行为的关键因素之一。

2.2.4 现有研究述评

目前传统资源理论中关于传统人、财、物等资源属性的相关研究已形成了丰富的成果，并且与竞合理论和战略管理理论进行了密切的结合。然而随着互联网热潮的到来，很多学者意识到了互联网平台企业的核心资源——数据资源与传统资源的不同，虽然已有大量学者认识到大数据资源能够给商业实践带来前所未有的影响，并着手对数据资源进行了研究，但是目前多数成果仍然停留在实践层面，极少有发表的管理学文章能够探索出大数据资源可能会带来的新理论贡献（Gerard George et al.，2014）。因此，一方面，对于数据资源的经济学属性的挖掘和探讨不仅能够对传统资源理论中的资源属性研究进行补充，还能够对大数据经济学理论的构建和完善起到一定的推动作用；另一方面，对于数据资源属性的认识不足也导致了目前理论界和实践界都没有办法很好地解释和预测互联网平台企业之间出现的"意料之外"的竞合行为。目前资源基础理论、资源依赖理论与竞合理论都形成了联系紧密的研究成果，也有很多研究探讨并验证了资源属性对竞合战略存在影响，但是互联网热潮下催生的互联网平台企业却由于其核心资源——数据资源属性对竞合行为产生了异于传统企业的影响，这也给传统资源理论视角下的竞合理论提出了一定的挑战，因此对数据资源属性与企业竞合行为的影响互动机理进行研究也能够很好地对竞合理论进行补充。综上所述，对于数据资源属性的挖掘和其对竞合战略影响机理的研究都是目前亟待解决的难题。

2.3 供应链理论与平台理论

2.3.1 供应链理论概述

一般认为，对供应链问题进行正式研究始于20世纪60年代，而进入90年代后，供应链管理的理论与应用研究迅速发展（凌丹，2006）。20世纪80年代Poter（1985）提出了价值链的概念和模型，企业的价值链即是指由内部后勤、生产经营、外部后勤、市场销售和服务相互连接起来的供应链。随着价值链概念拓展到产业，逐渐形成了供应链概念。1961年Forrester在 *Industrial Dynamics* 中首次提出了与"供应链"相似的成员企业相互关系理论，虽未直接提出"供应链"一词，但因其著作中形成了"供应链"概念的雏形而被称为"供应链设计之父"。对于供应链的定义，学者们从不同的视角进行了界定。例如，美国的史迪文斯（Stevens）认为，"通过增值过程和分销渠道控制从源头供应商到最终用户形成的流就是供应链，它开始于供应的原点，结束于消费的重点"（樊雪梅，2013）；而Turner（1993）则认为，供应链不应仅仅代表企业的内部活动，而应该是更大范围的概念，从原材料的供应到产品的加工、包装、配送，再到最终的消费客户，这一系列活动中涉及的企业之间作为供应关系，形成了一条"加工、包装、运输而增值的价值链"。随后，Weerasinghe（2004）从供应链中各节点企业间关系的角度将供应链定义为"由信息流、资金流等组成的从供应商提供制造商原材料，制造商生产产品提供给分销商，分销商配送商品到零售商，最终售卖给顾客的整个链条"。总体而言，目前对供应链的定义已有了较为成熟的界定，即是指围绕核心企业，通过对物流、信息流、资金流的控制，由原材料供应商、制造商、分销商、客户等成员及其上下游成员间连接而成的链式结构（王为光，2005）。传统的供应链理论强调客户的需求是供应链运作的驱动力，供应链的各个节点企业都是面向客户、面向市场的，产品从供应链的最前端逐步向最末端移动，由分销商向市场营销和售卖（阿里研究院，2015）。对于供应链的类型，目前学术界大致将其划分成了两种，即推动式供应链与拉动式供应链（如图2.2所示）。推动式供应链是从原材料到半成品、成品、市场最终到消费客户的一种由零售商订单驱动为主导的供应链；而拉动式供应链则是根据外部市场需求信息，从而进行产品或服务的研发、设计、购入原材料、生产、市场营销，最终到消费客户的一种外部需求驱动为主导的供应链。

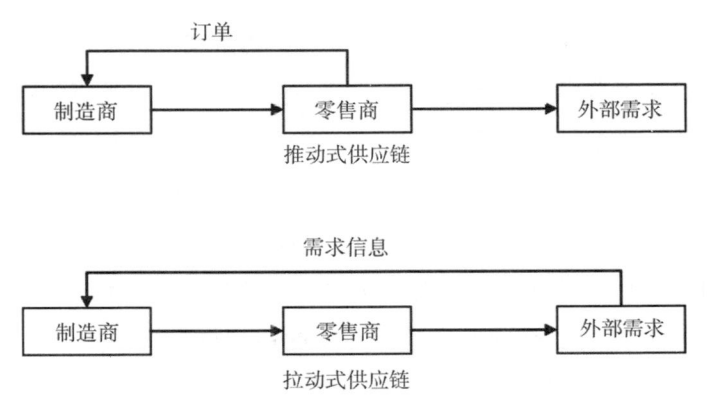

```
          订单
      ┌────────┐
      ↓        │
   制造商 ──→ 零售商 ──→ 外部需求
              推动式供应链


         需求信息
      ┌──────────────────┐
      │                  │
   制造商 ──→ 零售商 ──→ 外部需求
              拉动式供应链
```

图2.2　供应链类型划分

供应链管理的概念自 Keith Oliver 与 Micheal Webber 于1982年提出后，供应链的概念不断扩大和完善，并受到学术界的普遍重视，很多学者针对供应链管理开展了一系列的研究。供应链管理强调企业之间的合作，一般情况下，供应链上下游的企业间存在着密切的合作伙伴关系，并且他们之间的成功合作有助于提高供应链管理模式的运作效率（李伟奇，2013）。很多学者意识到了供应链上下游企业之间的合作与竞争互动是实现企业联盟双赢的关键，因此不断针对供应链上下游企业间的竞合互动行为开展研究（Garcia and Velasco，2002；Li and Liu and Liu，2011；Luo，2014），Li等（2011）针对供应链关系中的经销商与制造商探究二者间的竞合关系对知识获取的影响，并提出高度的合作关系和一定程度的建设性冲突有助于上下游企业间的知识获取，而分销商的创业导向能够在竞合关系与知识获取间起到积极的调节作用，换言之，分销商若具有高创业导向，企业间的合作关系和建设性冲突对知识获取的提高作用更为明显。而Bengtsson等（2000）则提出，企业会在远离消费者的一端，也就是供应链上游端倾向于合作，而在靠近消费者的一端，也就是供应链下游倾向于竞争。

2.3.2　平台理论概述

平台理论与双边市场理论从2000年以后才受到学术界的关注，并在2010年后成了产业组织领域的研究热点之一。所谓双边市场，是相对于单边市场的概念提出来的（李琛，2011）。单边市场即传统意义上的市场，供应链理论中所强调的即是这一类市场，它通常是由一类作为卖方的企业和一类作为买方的消费者所构成的，在单边市场中，参与主体只有两类，主体间的互动及类型相对简单，市场客体也较为明确，即用于交易的商品和服务（平狄克、鲁宾费尔德，2000；陈应龙，2014）。而平台理论中强调的双边市场则相对复杂，双边市场中存在三类市场主体，一类为平台运营商，另外两类则是通过平台进行互动的用户群，这两类用户群均同时以需求方和供应者的身份在平台上进行互动，他们可以是进行交易的买卖双方，可以是使用统一操作系统的应用程序开发商和最终用户，也可以是某媒体平台的广告客户和观众。目前对于平台企业和双边市场的界定目前仍然存在着一定的争议（Weyl，2010），主要可以分为两个流派，一个是以Rochet和Tirole为代表的"价格结构观"，他们认为，如果平台企业能够在不同类别的最终用户之间有效地交叉补贴，那么这个具有网络外部性的市场就是双边市场（Rochet and Tirole，2002）；另一个流派则是以Armstrong（1989，2007）为代表的"跨边网络外部性观"，他认为两组或多组代理人通过中介或"平台"互动时创造了剩余，或者在负外部性的情况下破坏了剩余，如果存在跨边外部性，而且一个群组的一个成员所得到的利益取决于平台能够吸引另一个群组成员的数量，那么这样的市场就是双边市场（Armstrong，2006）。我国学者陈威如等人在《平台战略》一书中对平台企业进行界定时，将"价格结构观"和"跨边网络外部性观"两派的观点融合在一起，提出：平台企业是指连接两个（或更多）特定群体，为他们提供互动机制，满足所有群体的需求，并巧妙地从中盈利的企业（如图2.3所示）。

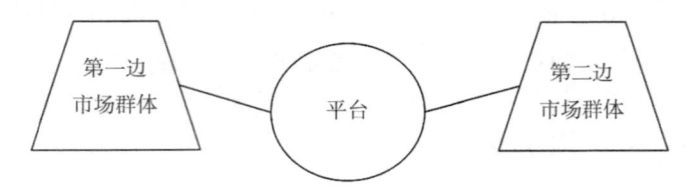

图2.3 平台企业的构成要素

来源：陈威如，余卓轩.平台战略：正在席卷全球的商业模式革命［M］.北京：中信出版社，2013：30.

他们认为，平台企业具备的两大特点为：第一个特点是平台企业通常通过定价模式对双边市场中的群体分别设定"付费方"和"被补贴方"，平台企业为一边市场提供费用上的补贴，该边群体被称为"被补贴方"，而另一边能够给平台带来持续性收益并支撑平台正常运转的市场群体被称为"付费方"。其中补贴就是平台企业对于某一方群体提供免费（或者普遍低于市场价格）的服务，从而吸引该方群体成为自己平台生态圈的成员，同时以此方群体作为筹码来吸引平台另一方群体。第二个特点则是平台企业需要通过激发双边市场中的群体互补需求来扩大自身的网络效应，这种网络效应既包括同边网络效应，又包括跨边网络效应（陈威如、余卓轩，2013），其中同边网络效应是指当某一边市场群体的用户规模增长时，将会影响同一边群体内的其他使用者所得到的效用。而跨边网络效应是指一边用户的规模增长将影响另外一边群体使用该平台所得到的效用（如图2.4所示）。

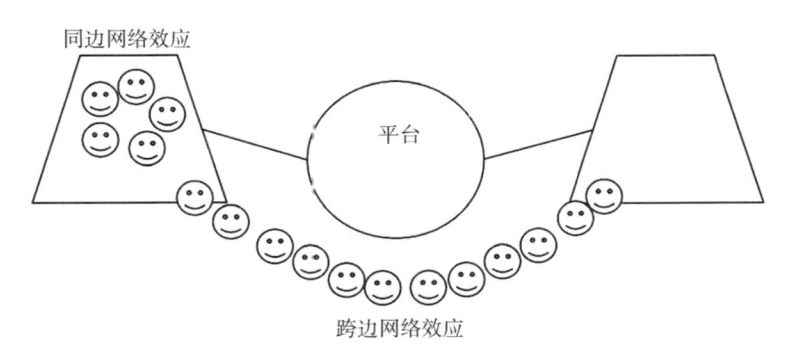

图2.4 平台网络效应示意图

来源：陈威如，余卓轩.平台战略：正在席卷全球的商业模式革命［M］.北京：中信出版社，2013：36.

随着平台商业模式的普及，传统的从上游卖家到下游买家的供应链模式思维已不再适用于所有产业（陈威如、余卓轩，2013），特别是互联网平台的兴起，使得传统供应链中很多低效、冗余的环节逐渐消亡，新的高效率的环节兴起，原始的以企业向消费者的链式产销结构逐步转化成了以消费者需求为中心，以平台为载体的网状精准化营销模式（阿里研究院，2015）。这种网状营销模式的平台理论提供了与传统直线型供应链理论不同的观点，即模糊了上下游的供应商和消费者的概念，以百度为例，能够得到免费搜索服务的网民作为信息需求者的同时，也成了平台另一边市场——广告商的"点击率提供方"，而广告商作为点击率需求方的同时，也为成了网民的信息提供方。在平台产业中，以传统的眼光所定义的直线产业结构不再适用了。平台视角认为，网民与广告商既是彼此的需求方，也是彼此的供应方，而同为百度的"使用者"，双方对搜索平台的发展有等量的贡献，因此平台企业（如百度）必须同时吸引这两方截然不同的用户（信息需求者和供应者）以维持事业的发展（陈威如、余卓轩，2013）。

2.3.3 供应链理论与平台理论的比较

平台理论的兴起建立在传统供应链理论的基础上，却也给供应链理论带来了巨大的变革。总体而言，平台理论与供应链理论强调的商业模式和市场格局存在以下三点不同。

首先，供应链理论强调单边市场格局，平台理论强调双边（多边）市场格局。传统供应链视角的竞合理论强调，处于同产业的企业之间为了争夺更多客源用尽各种方法与彼此竞争，相互对立极为寻常。这主要是因为供应链理论强调同产业的企业通常会服务于同一单边市场的客户群。平台商业模式的兴起给这种单边市场格局带来了重大变革，服务于双边市场的平台企业需要同时兼顾双边市场的资源与利益，协调各市场间的交易量从而使得利润达到最大化。

其次，供应链理论强调单向链式结构，平台理论强调多向网状结构。传统的供应链是单向垂直流向，迈克尔波特的"产业五力分析"中假设每个厂商都会面对"上游买家"与"下游买家"；上游供给商制造并提供产品，下游买家则付费购买那些产品。而平台理论中强调的平台模式则打破了这种上下游的"链式"结构，使得平台企业的双边市场中任何一方都成了平台企业的供应方和需求方，将各类供应商与消费者通过平台连接到一起，形成了以消费者为中心，以平台为载体的网状营销模式。具体如图2.5、图2.6所示。

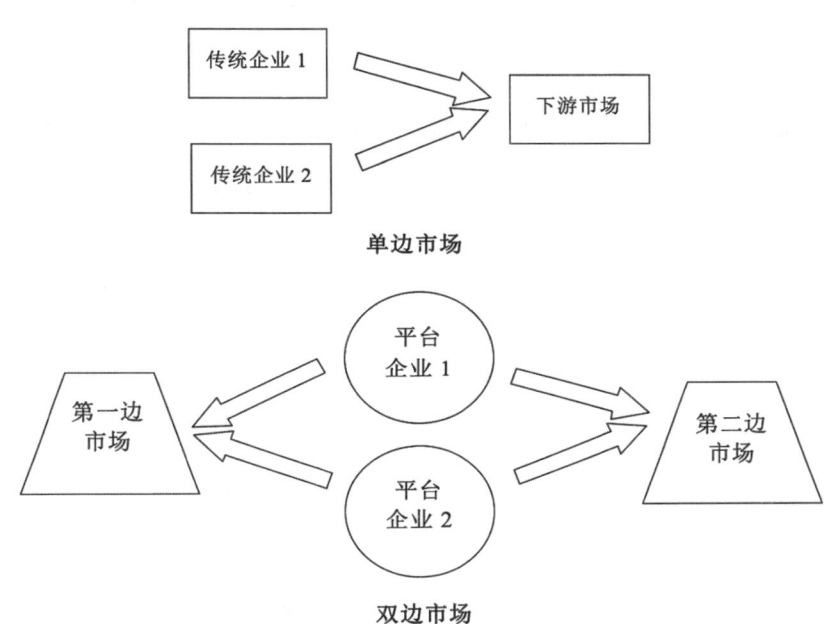

图2.5 供应链视角下的单边市场与平台视角下的多边市场

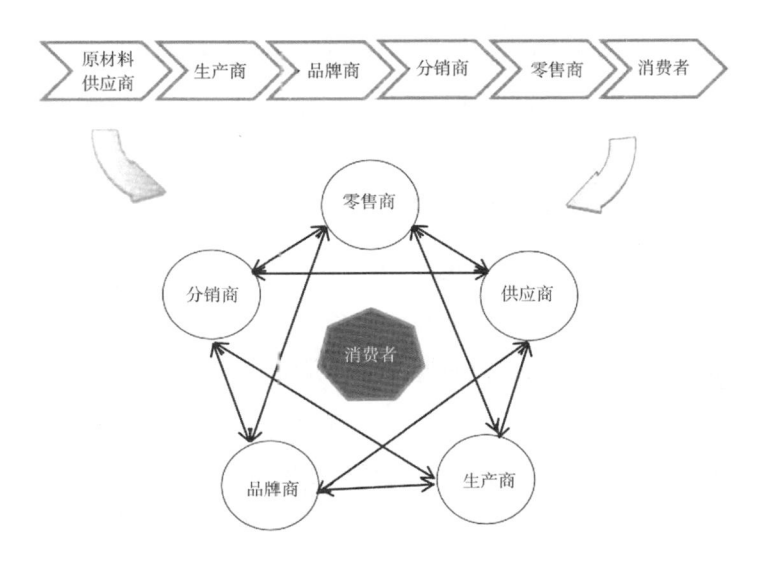

图2.6 供应链理论的单向链式结构与平台理论的多向网状结构

最后，供应链视角强调线性产业竞争格局，平台视角强调网状覆盖竞争格局。传统供应链视角与平台理论视角的竞争格局也存在着较明显的差异，传统的供应链理论体现的同产业的竞争者们往往服务于同一个市场和同一群潜在客户，因此，他们的竞争往往体现的是针对下游市场的直线式、瞄准单一客户的竞争。而平台商业模式瓦解了这种线性关系，每个平台企业都可以从四面八方网状连接多边市场，因此若平台企业之间只聚焦于在某一单边市场的竞争是行不通的，对于平台企业来说，他所面临的双边（多边）市场的任何一方都可能同时代表着收入和成本（陈威如、余卓轩，2013），因此平台企业之间的竞争格局要更为复杂和混乱。如图2.7所示。

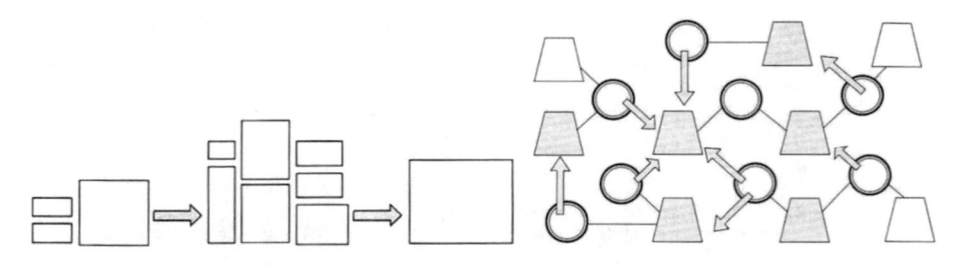

（a）传统供应链企业间的竞争格局　　　　（b）平台企业间的竞争格局

图2.7　传统企业与平台企业的竞争格局

来源：陈威如，余卓轩.平台战略：正在席卷全球的商业模式革命［M］.北京：中信出版社，2013：213.

2.3.4　现有研究述评

综上所述，由于供应链理论与平台理论存在的较大差异，使得平台企业的竞合关系也与供应链视角的竞合关系有着较大的差异。传统的供应链理论中的同产业竞争者们往往表现为针对下游市场的直线式、瞄准单一客户的竞争，而他们在制定竞合战略时，自然就只会盯着那些与自己拥有同样基础的同质性竞争者。然而，平台模式的兴起却给这种直线式的单一竞争格局带来了重大变革，平台模式在启动了同边和跨边网络效应之后，它所连接的双边市场对彼此有强大的吸引力，任何一个平台企业若只聚焦于在某一单边市场上进行竞合战略的制定都是行不通的，因为该市场成员是否选择进入该平台，很大程度上是取决于该平台另一边市场所拥有的实力大小，因此平台企业间的竞合行为更为复杂而混乱。对于平台企业来说，他所面临的双边市场的任何一方都可能同时代表着收入和成本（陈威如、余卓轩，2013），因此平台企业在进行竞合战略的制定时，需要将多边群体都纳入考虑，才能真正实现竞合战略的成功。

综上所述，供应链理论视角的竞合理论在解释平台企业之间复杂的竞合关系时遇到了一定的挑战，平台理论和双边市场理论却可以为此提供一些新的理论视角。而对于以互联网为载体的平台企业而言，它具备了双边市场的一切特征，但与传统的线下平台企业相比还有其独有的特征：不需要实体平台，因此成本较低；相较于传统的实体资源，对于数据资源的需求和占比较高；由于互联网没有地域的限制，平台所承载的用户群跨地域性极高（阿里研究院，2015）。但是目前在学术界，并没有学者从平台理论这个视角对互联网平台企业间的竞合战略机理进行深入研究，因此，互联网平台企业的竞合战略研究领域尚处于理论空白阶段。

2.4　本章小结

本章为本书研究的理论综述部分，是开展本书研究的理论基础。本章分别对竞合理论、资源基础理论、资源依赖理论、供应链理论、平台理论以及数据资源的相关研究成果进行了梳理、提炼、总结与归纳，并将传统资源理论视角与数据资源视角的竞合理论、供应链理论视角与平台理论视角的竞合理论进行了比较分析。从本章对理论梳理和实践总结可以看出，目前在理论研究方面仍存在以下理论缺口。

1. 缺少对于互联网平台企业的核心资源——数据资源的相关研究

阿里研究院在2015年的《互联网+研究报告》中曾提出，数据资源已经等同，甚至超越了传统的人、财、物等实体资源，成了互联网平台企业需求和占比最高的资源。互联网平台企业依托数据资源推出产品和服务，通过"烧钱大战"和并购进行数据资源的竞争与分享，并依靠数据资源获得盈利和生存。可以说，数据资源已经成为互联网平台企业的核心资源。然而，在学术领域还没有学者意识到数据资源对于互联网平台企业的重要性并对其进行深入研究，因此本书从资源基础理论入手，探讨数据资源特征对互联网平台企业竞合战略的影响。

2. 互联网平台企业竞合战略的选择机理的黑箱尚未打开

竞合理论的很多学者对竞合战略类型进行了划分，其中Luo（2008）从竞争强度和合作强度两个维度将竞合战略划分为了伙伴型（partnering）、适应型（adapting）、孤立型（isolating）和对抗型（contending）四类，这种划分方式在学术界得到了普遍的认可，后续也有学者（Luo et al.，2014；宋铁波 等，2011）基于他的划分方式做了一系列的研究工作。然而，仅仅对竞合战略进行类型划分是不够的，后续的研究需要探索企业间竞合战略的选择机理，这方面的研究目前较为匮乏，特别是在互联网情境下的研究几乎凤毛麟角。因此，本书意在探索互联网情境下的平台企业竞合战略选择机理，以期找到互联网情境下平台企业竞合战略选择的内在规律。

3. 缺少对互联网平台企业竞合行为策略（tactics）的研究

Luo（2008）在对跨国企业间的竞合战略进行类型划分的同时，也指出了在不同的竞合战略下企业间可能实施的竞合行为（tactics）。但是对于互联网平台企业来说，由于其自身的特殊性，企业在不同的竞合战略下所采取的竞合行为决策可能是不同的，本书从数据资源的视角出发，探究互联网平台企业在不同的竞合战略下可能采取的竞合行为，以期寻求本书与已有理论间的对话，探究互联网情境下的竞合行为与传统理论的异同。

第3章 研究设计与案例介绍

3.1 研究方法的选择

社会科学的常用研究方法是科学实证主义思想的演绎式的量化实证研究方法，这种方法通过样本抽样对总体进行研究，由于其数据逻辑严谨且研究范式成熟而被广泛认可和接受。然而，目前学术界越来越多的学者意识到了这种假设检验型的量化实证研究方法具有一定的局限性，由于这种方法是从一个理论演绎开始的，其主要局限在于更适合于验证理论而不适合于构建理论（吕力，2014）。同时由于定量实证研究是通过对可量化的因素进行测量、计算和分析来掌握事物发展的基本规律，对于复杂动态问题的研究也具有一定难度（郭浐，2016）。

案例研究方法是管理学研究领域的另一种常用的方法，目前也越来越受到社会科学学者们的重视和青睐。由于它是通过研究典型案例中出现的科学现象和问题而推导归纳出研究结论或研究命题的研究方法（欧阳桃花，2004），通常是用客观事实的逻辑来归纳、演绎理论的逻辑，并不从一开始就束缚于理论，因此在构建和发展理论方面具有独特和不可替代的重要作用（Eisenhardt，1989；Yin，2003；徐淑英，2012）。因此，选择案例研究方法有助于本书构建和发展理论，并增强本案例研究的科学性和规范性。本书主要对互联网平台企业的平台运行机制和数据资源属性对竞合战略选择的影响机理以及竞合行为决策进行理论提炼，选择案例研究的具体原因在于以下几点。

第一，本书意在探索和揭示互联网平台企业如何进行竞合战略选择和它背后的本质原因,以及企业如何进行具体的竞合行为决策,即是Why和How的问题。Yin(2003)认为,案例研究通过细致的证据呈现和原因分析,最适合探讨并解决"为什么"和"怎么样"的研究问题,因此是非常适用于本书的研究方法。

第二,本书探讨的互联网平台企业竞合现象更加复杂和混乱,非常适合用案例研究的方法来进行深入探索。与传统供应链理论的企业面对的单边市场不同,互联网平台企业所面对的是双边市场,其竞争合作的过程和现象更具复杂性和混乱性特征,大样本的实证研究难以揭示其复杂现象背后的潜在规律,而探索性案例研究的方法能够帮助研究者更深入地寻求现象问题背后的理论逻辑,从而更容易发掘到复杂现象下的潜在规律与本质原因(Pare,2004)。

第三,互联网平台企业的相关研究和竞合理论的机理都尚处于理论前沿的探索阶段,而互联网平台企业间的竞合战略选择机理以及竞合行为决策更是学术领域的理论空白点,鲜有文献探讨。理论构建型的归纳式案例强调从丰富的现象类、经验类数据中识别和产生关键的理论构念(Yin,1994),并对现象背后的因果逻辑进行深入的系统性分析,非常适合帮助本书这类"现象驱动型"的案例(Eisenhardt and Graebner,2007)提炼理论框架实现现有理论研究的推进和丰富(Eisenhardt,1989)。

选择案例研究作为本书的研究方法后,需要探讨样本的数量选择和抽样问题。与大样本假设检验研究中数据的获取采用随机抽样和分层抽样不同,案例研究的目的是发展理论,所以更适用于理论抽样(毛基业,2010)。而相对单案例研究,多案例研究可用于更强健的理论构建(Yin,1994),因为多案例研究遵循"差别复制"逻辑,通过案例之间的比较,确认不断产生的新观点是为单一案例独有还是能被多个案例反复证实,从而对研究发现进行拓展和反复验证(Brown and Eisenhardt,1997)。根据本书的研究需要,一方面,竞合的互动至少应该有两家或两家以上企业的参与,因此需要通过配对的方式进行案例的理论抽样(Li,2011;Luo,2014);另一方面,市场中存在的竞合关系呈现出多样化的特点，为了保证研究的理论饱和度和内容完整性，必然需要选择呈现不同竞合状态的多个样本企业进行深入探索和研究。因此，本书选择通过多案例的研究方法，从处于不同竞合战略状态下的案例企业中发掘有力的定性和定量数据，围绕互联网数据资源属性、平台机制和竞合战略三个方面进行理论的发展和构建。为此，本书遵循案例研究（扎根理论方法）的成熟范式，通过理论文献和实践资料的不断循环迭代而涌现理论，建立本书研究流程（见图3.1）。

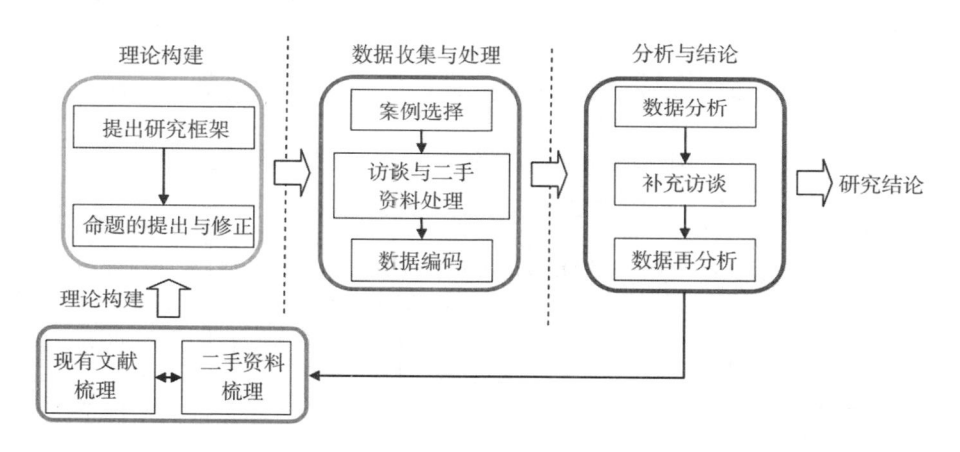

图3.1 本书的案例研究方法与流程

3.2 研究对象的选择

结合本书的研究问题和研究需要，本书采用配对研究的方法进行案例研究对象的选取。为了确保案例的典型性和样本的饱和度，本书的研究对象选择主要有以下几个原则：（1）案例企业必须是具备双边市场特征的互联网平台企业；（2）根据理论抽样的典型性原则，所选择的成对案例企业必须是同一垂直领域内的，且为该垂直领域的龙头企业；（3）根据案例数据的可获得性和充足性，案例企业需要已经成立了一段时间；（4）根据对立重复和排除其他可能解释原则（李平、曹仰峰，2012），案例企业应呈现典型的多样化竞合行为特征，并且样本数量能够基本包含商业实践中存在的所有特征类型。根据本书的选择标准和原则，我们选择了58同城与赶集网、58同城与百姓网、美团外卖与饿了么、携程网与去哪儿网这四对互联网平台企业作为研究对象。案例企业的关键信息如表3.1所示。

表3.1　案例企业基本特征描述与跨案例比较

案例企业	美团外卖/饿了么	58同城/赶集网	携程网/去哪儿网	58同城/百姓网
创建年份	2013/2009	2005/2005	1999/2005	2005/2005
创始人	王兴/张旭豪	姚劲波/杨浩涌	梁建章/庄辰超	姚劲波/王建硕
所在垂直领域	餐饮外卖	分类信息	在线旅游	分类信息
行业地位	行业龙头	第一/第二	第一/第二	第一/第三
样本企业的入选依据	在2013—2016年期间处于典型的激烈竞争状态	2015年两家企业采取5∶5换股方式合并，处于典型的密切合作状态	2013—2016年期间存在典型的激烈竞争和密切合作行为	在2013—2016年期间处于典型的无明显的竞合互动状态

具体而言，对立重复原则（Yin，1994）要求经过理论抽样的样本应该具备"两极"的极端特点，即非A即B的特点，以便更容易地发现数据中对立的模式；而排出其他可能解释的原则（Yin，1994）则要求样本表现可以基本涵盖所有的典型情况（李平 等，2012），从而确保研究内容完整性和饱和度。以上四对案例企业均存在不同程度的竞合互动行为，并且呈现出各不相同的竞合表现，同时遵循多案例研究的"差别复制"逻辑，本书选取的四对案例企业的竞合互动行为可以在不同方面形成并加深本书的研究结论。下面对这四对案例样本的选取原因及企业不同竞合行为表现进行详细列举：

首先，我们选择了竞合上表现为极端竞争的一对案例企业，它们在商业实践中的表现为有着很强的利益冲突（Bengtsson and Kock，1999），且抢夺目标一致，竞争互动简单而直接，一家企业的行为会直接影响到竞争对手的激烈竞争反应（Luo，2014）。两家企业属于典型的激烈竞争的状态，具体事例证据如表3.2。

表3.2 饿了么与美团外卖的典型实践行为表现

时间	饿了么	美团外卖
2014	从2014年开始，公关战、补贴战、地推间不断摩擦打斗，两家企业的竞争不断加剧。2014年5月大众点评网对饿了么投资了8 000万美元，二者达成深度合作，并签署了不与美团外卖合作的协议	2014年年初，美团外卖将自己的几十个员工聚集在一起召开了一个名为"抢滩"的启动会，意图强行进入饿了么一家独大的外卖市场
	两家外卖平台企业最初的竞争手段就是通过补贴烧钱的方式抢夺客源。其中，美团外卖选择的做法是赠送饮料，当发现学生群体并不喜欢这种做法后，就将策略转变为"首次购买用户立减3元"，随即饿了么将立减金额提高到5元。2014年9月开始，两家平台企业正式进入烧钱阶段，原本美团外卖是新用户立减3元，但发觉饿了么的"新老用户立减3元"发挥了更大的订单优势，于是也调整与饿了么相同的做法。饿了么见状将3元改为4元，两家企业进入拉锯战后，最夸张的时候甚至出现了满25元减24元的补贴	
	康嘉提出，让每位员工守住3家已经和饿了么签订独家协议的店铺，"这3家店只要在美团外卖网站上一出现，马上去找老板。"如果店铺和美团外卖那边产生交易额，那么员工的绩效就要大打折扣	2014年6月美团外卖员工殴打饿了么地推员工； 2014年7月7日，饿了么3名员工被美团外卖30余人群殴，此后在长春也发生了美团外卖员工3人打伤1名饿了么员工事件
2015	10月12日，同美团合并后，大众点评表示退出饿了么董事席，并将放弃在"饿了么"的董事席位及投票权	10月8日美团外卖宣布与大众点评网合并
2016	饿了么邀请王祖蓝、科比代言，在电视、网络等媒体上大铺广告	美团外卖重金打造"黄袋鼠"广告，并在奥运会期间高调引援岳云鹏助力奥运

其次，本书选取了合作意愿强烈的一对案例企业，它们的商业表现为企业间的相互依赖度非常高，且在商业、信息和社会上的交易和交换十分频繁，有着共同的目标并且几乎没有冲突（Bengtsson and Kock，1999）。两家企业的具体事例证据如3.3。

表3.3 58同城与赶集网的典型实践行为表现

时间	58同城	赶集网
2015	4月17日,58同城与赶集网宣布合并,在新公司的业务层面,杨浩涌和姚劲波将负责不同的板块,以便将各自的优势发挥到极致。新公司将采取双品牌战略,赶集网与58同城保持独立运营,各自的管理体系和员工体系基本保持不变。去除58同城的对外投资,两家公司此次的合并将采用约5:5换股的形式进行	
	在业务层面,58同城更侧重于"上门经济"范畴内的到家服务以及房产和汽车业务,而赶集网发力的是二手车市场及房产市场,双方的服务模块各有侧重,在合并之后可以实现互补	
	瓜子二手车拆分后,58同城保留了46%的股份,并从流量、资本上给予最大支持。同时,58赶集对瓜子二手车采取排他性支持,除了流量支持外,已在网站广告页面逐渐下架瓜子二手车竞争对手的广告	9月15日,赶集网创始人、58赶集联席CEO杨浩涌辞去58赶集联席CEO职位,以个人身份投资6 000万美元,将赶集好车从58赶集中拆分出来,独立运营平台更名"瓜子二手车",58同城继续保留瓜子二手车46%的股份,58赶集全权交给姚劲波打理

第三,本书选取了竞争与合作表现均非常明显的携程网与去哪儿网这对案例企业,它们在商业上的表现为在一个特定领域与竞争者合作,在另一个领域采取独立行动提高自身绩效(Luo,2008,2014),两家企业的具体事例证据如表3.4。

表3.4 携程网与去哪儿网的典型实践行为表现

时间	携程网	去哪儿网
2015	5月,携程网发起了对去哪儿网的收购,但是去哪儿网通过书面拒绝了携程网,随后携程网找到百度达成股权置换协议,百度将自己拥有的去哪儿网的17 800余万A类普通股和1 000余万B类普通股置换成了1 000余万股携程网增发的普通股。通过此次交易,携程网将拥有去哪儿网的45%的总投票权,百度拥有则拥有携程网的25%的总投票权。	
	"去哪儿网的商业模式跟携程网有一些差异,在酒店预订和机票领域两者是合作和竞争的关系,在其他的领域也比较复杂,有时候我们和去哪儿网是合作伙伴,有时候是竞争对手。"(梁建章电话会议采访回答)	去哪儿网独立发展计划不变,我们后续将与携程网协商双方公司的协作/竞争机制,各自选定并加强主攻的市场,为中国在线旅游消费者提供更有价值的服务。(庄辰超内部信)

续表

时间	携程网	去哪儿网
2015	去哪儿网与携程网合并后，酒店价格战的消耗减弱，去哪儿网与携程网分别分工拓展二三线中低端酒店和高端酒店市场	去哪儿网对外宣称，去哪儿网与携程网已经在度假产品上达成合作，而与机票与酒店领域的相关业务则处于谈判过程中，未来携程网的旅游度假产品将全部接入去哪儿网的度假频道

最后，我们选择了竞争与合作互动均不明显的58同城与百姓网，它们的商业表现为企业间的相互依赖和互动性非常低（Luo，2014），虽然彼此之间都很了解，但是存在一定距离，目标也是各自独立，并不存在彼此的任何经济交易行为，即使有了一些互动，也是"顺便为之"的（Bengtsson and Kock，1999）。两家企业的具体事例证据如表3.5。

表3.5 58同城与百姓网的典型实践行为表现

时间	58同城	百姓网
2011	斥资7 000万美元广告费聘请杨幂在电视等各类媒体上与赶集网上演了广告大战，争抢平台流量	对于分类信息行业的广告大战，王建硕确定了不跟进的战略方向。与正面迎击相反，王建硕展示了自己的"小幽默"：王建硕发现"赶驴"这个关键词火了起来之后，立刻在百度上投放广告，购买这个关键词。同时，百姓网还花了200元注册了ganlvwang.com，从口号到内容，皆暗合赶集网的广告，从而抢来了一小波流量和关注度
2015	4月17日，58同城与赶集网宣布合并	58同城和赶集网合并以后，王建硕曾提出合作意向，赶集网创始人杨浩涌回答"没必要"，姚劲波则称"这个行业没有第三名"

3.3 数据收集与分类

为保证本书得出的构念和理论模型更具坚实的事实基础和证据链，确保三角验证的实现（艾森哈特，1989），从而提高理论的信度和效度（郭会斌，2015），本书通过一手访谈与二手资料2种收集渠道收集了5类定性和定量数据资料。数据收集的具体过程为：从2014年5月—2016年11月，(1)陆续针对8家案例企业进行了深度访谈，每位受访者访谈时长约为1~2小时，其中包括3家企业的高层管理者，5家企业的技术骨干、中层管理者和项目负责人；(2)考虑到个别案例企业对高层的访谈难度，对8家案例企业的合作伙伴、市场用户及行业专家等进行了1~2小时的补充访谈；(3)笔者以"携程网""去哪儿网""携程与去哪儿合并""庄辰超""梁建章""58同城""赶集网""瓜子二手车""58同城与赶集网合并""姚劲波""杨浩涌""百姓网""58同城与百姓网""王建硕""饿了么""美团""美团外卖""饿了么与美团外卖""张旭豪""王兴""王慧文"等为关键词在百度搜索、搜狗搜索、网易新闻、腾讯新闻等网站进行搜索和查询，共获取了11 274篇新闻资料，通过阅读和筛选，共留下1 294篇非重复且反映携程网与去哪儿网间竞合相关事宜的新闻资料；(4)广泛搜索中国知网、万方数据库等期刊和硕博论文等文献，共计获取240篇与主题相符并具有一定价值的文献；(5)在各企业官网、阿里研究院、管理咨询机构网站获取了相关行业报告、企业报告等30余篇。具体如表3.6所示。

表3.6 案例数据收集详表

数据类型	数据来源	数据内容
一手数据	高层访谈	(1)58同城部门负责人，时长2小时30分钟 (2)赶集网原部门负责人，时长1小时20分钟 (3)携程旅行网市场部高层，时长1小时10分钟
	补充访谈	(1)百姓网技术部门内部员工，时长1小时20分钟 (2)58赶集合作伙伴，时长40分钟 (3)58赶集个人用户，时长20分钟 (4)美团外卖合作店铺，时长1小时 (5)饿了么合作店铺，时长1小时 (6)美团外卖与饿了么订餐用户，时长共约50分钟 (7)去哪儿网合作供应商，时长30分钟

续表

数据类型	数据来源	数据内容
二手数据	理论文献	中国知网、万方数据库的期刊文献和硕博士论文共240篇
	新闻报道	腾讯新闻、和讯网、网易新闻等网站相关报道1 294篇
	官方报告	企业官网、阿里研究院、管理咨询机构等网站上的行业报告、企业报告30余篇

3.4 确保信效度

本书从开始研究设计时，就努力通过严谨的理论梳理、严密的逻辑分析以及严格规范的过程控制，将编码与分析的主观色彩降到最低，同时结合每一研究阶段的研究策略确保本书的信度与效度，争取符合4个标准（Yin，1994；吕力，2014）。

表3.7 信效度分析

信效度指标	研究策略	具体做法	使用阶段
构建效度	数据的三角验证	利用一手访谈、二手资料等多元的数据来源互相佐证	数据收集
	形成完整的证据链	依照明确和令人信服的逻辑建立和展现完整的证据链，具体包括：原始数据—提炼条目—原始数据的概念化—一阶概念—二阶范畴—主范畴—核心范畴—命题—模型	数据编码 数据分析
	汇集多方建议	向国内外著名教授汇报并听取建议；由在由多名教授、副教授、博士生组成的项目组及学院大课题组进行数次讨论接受批判和建议	数据分析 研究发现
内在效度	解释的建立	对本书提出的命题、构念、研究结论和因果模型不断进行数据的比对	数据分析 理论贡献
	分析对立的竞争性假设	与竞合理论、资源基础理论等文献和实践资料的相似和不同观点不断比对	数据分析 理论贡献
外在效度	用理论指导案例研究	充分回顾既有的竞合理论、资源基础理论、平台理论文献，实现现有理论与本案例研究的对话	研究设计
	跨案例比较	遵循差别复制的逻辑和原则，并对8个案例进行多次比较	研究设计

续表

信效度指标	研究策略	具体做法	使用阶段
信度	周详的研究计划	提出研究计划书,并与导师、专家、团队成员进行多次讨论,达成一致意见	研究设计
	建立数据库	建立Endnote和Nvivo数据库,将所收集到的文献和实践数据进行归类并入库	数据收集
	原话的引用	对二手数据进行原文引用呈现证据链	数据分析
	重复实施	详细记录实施过程,并就数据分析过程与团队多名成员共同分析、讨论直至达成一致	数据编码 数据分析

3.5 案例描述

3.5.1 美团外卖与饿了么

1. 饿了么与美团外卖简介

"饿了么"是一家专业的网络订餐平台,公司隶属于上海拉扎斯信息科技有限公司,由张旭豪和康嘉等人于2009年4月在上海创办。"饿了么"的创始人张旭豪,1985年出生,本科就读于同济大学,硕士就读于上海交通大学。2008年3月的某个晚上,张旭豪正与室友在宿舍里玩电子游戏时感觉肚子饿并想订一份外卖吃,但是由于当时时间太晚,很多餐馆都拨不通电话或是拨通电话后店家已经休息不能送餐。于是他们发现外卖是个好生意,就决定在这个领域创业。起初,张旭豪和同学康嘉、汪渊、曹文学一起,在上海交通大学闵行校区附近开展了一系列的市场调研并收集齐校园附近的餐馆信息后,把几家餐厅的外卖业务包下来,网站也没有,也不叫"饿了么",而是叫"饭急送",自己印传单出去发,然后在宿舍搞一个小型的呼叫中心,招聘了几个女孩子负责接电话,接到电话后由组建的送餐团队人员去餐馆取餐再送给订餐的用户。就这样做了一年,汪渊、曹文学由于想继续完成学业退出了创业团队。2009年4月,"饿了么"(ele.me)网站上线,平台专注于网上外卖订餐，并取消了原有的送餐服务。"饿了么"是为数不多，大学生创业成功样本。正因为兴起于大学城，"饿了么"初始积累的餐馆资源都是相对廉价的相对低端店家。截至2012年年底，虽然外卖平均客单价只有20元左右，但"饿了么"平台的交易额已达到6亿元，平台的销售收入实现近千万元。随后，"饿了么"平台推出了移动端的APP和Android客户端，公司人数从2011年的80人扩大到200人，地推（商务拓展）员工人数达到50人，平台的业务也从上海拓展到了北京、杭州、广州等地。2013年"饿了么"移动端在总订单中占30%。截至2013年12月31日，饿了么日均订单为10万个，每单均价30元，入驻商家为2万个，由此推算，2013年交易额可达10亿人民币。"饿了么"平台致力于推进餐饮行业的数据化发展进程，一方面为订餐用户带来方便快捷的订餐体验，另一方面也为餐厅提供了一体化的运营解决方案。

　　美团外卖是美团网旗下的网上订餐平台，于2013年11月正式上线，到2015年已覆盖北京、上海、广州、天津、西安、沈阳、厦门、宁波、武汉、昆明等城市。美团网在2010年3月上线后获得了突飞猛进的发展。2012年年底，美团网创始人王兴便意识到了未来将出现的本地生活服务的新模式会逐渐淘汰团购业务。在此背景下，2013年初美团成立了创新产品团队，由王慧文负责，团队的主要目标是探索餐饮O2O（线上到线下）领域新模式，寻找市面上任何可能成功的新机会。经过反复调研甚至实践试错后，王慧文等终下结论：外卖是个体能可快速发展的模式，其商业化最为可行。于是，他决定停掉其他正在试验的项目，专攻外卖。起初，王慧文觉得在外卖业务方面自己根基尚浅，若要占领市场还需时间，与其白手起家，不如借收购扩大市场，于是他们想到了收购或投资"饿了么"借力扩展美团业务，但是却遭到了饿了么的一口拒绝。于是，他们不得不在创业方向不确定、产品愿景模糊，产品、用户、资源等实际上都不存在的情况下，花费了大量精力在市场调研及商业模式分析上。经历了小范围试错，2013年11月，美团外卖正式上线。王慧文坚持建立新的团队，只从团购团队调动了37人。2014年年初，美团外卖将五十名左右的员工召集到一起，召开了一个名为"抢滩"的启动会议，目的是为了强行进入由饿了么一家独大的互联网外卖市场，他们在一个星期之内招聘了十个城市经理并在二十个城市开设了分站。2015年11月，美团外卖将其品牌进行了全面升级，广告的商标从"一碗饭"变成了一只袋鼠，产品配色由原来的橘黄色变成了由麦香色和栗壳色的组合搭配。

2. 饿了么与美团外卖盈利模式比较

饿了么与美团外卖都是以互联网为载体，连接餐饮店铺用户群和个人用户群，实现双边用户的售卖和订餐需求，并从中收取一定费用而搭建的平台企业。从业务板块来看，两家企业都是提供外卖业务的平台，同时辅之以广告业务、专送服务和供应链进货服务。

从盈利模式来看，"饿了么"平台在创建初期仅仅以向合作餐厅收取交易额8%的佣金方式盈利，随着后来竞争日益激烈和平台的创新发展，"饿了么"2015年共形成了商家入驻平台费、外卖派送费、竞价排名费和广告费等几种盈利形式（孙继伟、孔蕴雯，2016；李元杰，2016）。首先，饿了么主要以收取合作店铺的利润分成作为佣金的方式来盈利，但是很多店铺与饿了么平台在佣金比例上始终存在一定的分歧，还存在一些店铺在平台上收到订单后将订餐的用户引入线下进行交易，以此来降低给平台的佣金分成，这样就促使平台与店铺的关系一直处于不稳定状态并很难长久保持。随后，饿了么将收取利润分成作为佣金的方式更改为向入驻平台的商家收取固定的入驻费用，商家的缴费态度得到良好的改善，这一方式免去了每月结算和催收佣金的烦恼，还能够改善平台的现金流，因此这种商家入驻平台费用成了2015年饿了么的主要盈利来源；其次，饿了么平台采用了与百度平台模式相似的竞价排名方式进行收费，即订餐用户在饿了么平台的页面搜索时，显示不同商家的位置是不一样的，需要将店铺排名靠前的商家必须向饿了么平台按月支付排名费用，排名越靠前的位置则铺位费用越高；再次，饿了么还会向订餐用户收取一定的外卖配送费用，即根据订餐用户的需求，将外卖品按时送到指定地点时所要收取的费用，外卖配送费的金额与外卖品的重量和配送距离有关。外卖配送费的一部分将作为配送人员的工资，余下部分则会作为公司利润；最后，饿了么的广告费用主要分为线下宣传单推广和线上横板广告投放两种收费方式，线下宣传单推广主要是饿了么以平台的名义帮助店铺发放宣传单而向商家收取的宣传单版面费用，而线上广告投放则是指饿了么通过线上平台为商家提供的多种广告投放方式，例如在平台首页上对商家的产品进行普遍展示和推广，或是根据个人消费者偏好，向消费者推荐付广告费的商家页面进行精准推广。

美团外卖与饿了么的盈利模式有一定的差异，饿了么主要依靠商家入驻平台费进行盈利，而美团外卖则是依靠收取利润分成作为佣金的方式进行盈利，除此之外，两家平台企业在广告费用、竞价排名费用以及其他增值费用上的盈利模式十分相似。两家企业都是将餐饮店铺作为付费用户和个人用户作为补贴用户连接到平台，付费用户将店铺信息发布到平台后吸引补贴用户在平台上进行订餐，付费用户一方面可以依靠平台进行赚钱，另一方面可以收集补贴用户的信息进行分析处理提升店铺的服务和效率水平，平台则向付费用户收取一定的佣金，并为了吸引更多的补贴用户进驻而向其提供现金补贴。同时，由于拥有着大量双边用户的数据资源，饿了么与美团外卖就可以通过分析和挖掘按照双边用户的需求和习惯进行精准的信息推广，更好地服务用户，例如向个人用户提供他附近的外卖店铺，或向店铺提供个人用户的餐饮偏好等。饿了么与美团外卖的盈利模式如图3.2所示。

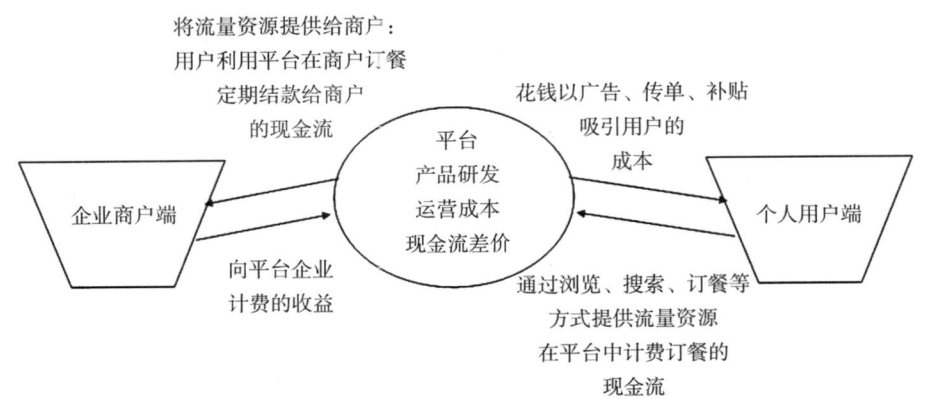

图3.2　饿了么与美团外卖平台运行机制示意图

注：此图根据实践材料和《平台战略》（陈威如、余卓轩，2013）模型绘制。

3. 美团外卖与饿了么大事件梳理

饿了么于2009年正式上线，美团外卖在创办之前，其负责人王慧文曾有意对"饿了么"进行收购或投资借力扩展美团业务，但是被饿了么拒绝。于是王慧文通过市场调研和小范围试错后，于2013年11月上线了美团外卖。2014年年初，美团外卖作为市场后进者，开展"抢滩"启动会开始抢夺饿了么的市场份额。美团外卖发现，校园市场已被饿了么占领了大半，而白领市场还未被过多开发，于是美团外卖进行稳定攻占白领市场的同时，将大部分精力放在了校园市场的抢夺。为了争夺外卖市场的餐饮店铺，美团外卖与饿了么的地推人员在线下进行了激烈的抢夺行为，甚至多次出现了打斗和摩擦，并强制餐饮店铺与平台签订"排他性协议"，要求店铺只安装自己平台的APP。2014年5月饿了么获得大众点评网的投资并成为深度战略合作伙伴，并签署协议规定饿了么不许与美团外卖合作，2015年10月8日美团网宣布与大众点评网合并，大众点评则放弃在饿了么的董事席位及投票权。美团外卖和饿了么各自推出了专送服务提高平台的服务质量，美团外卖的店铺开始趋向于中高端餐饮商户并加大了美团专送的服务力度，饿了么则更偏向于价格较低的中低端商户并以店铺配送为主、蜂鸟配送为辅。2016年7月，美团外卖与饿了么开始了广告推广战。具体如图3.3所示。

第3章 研究设计与案例介绍

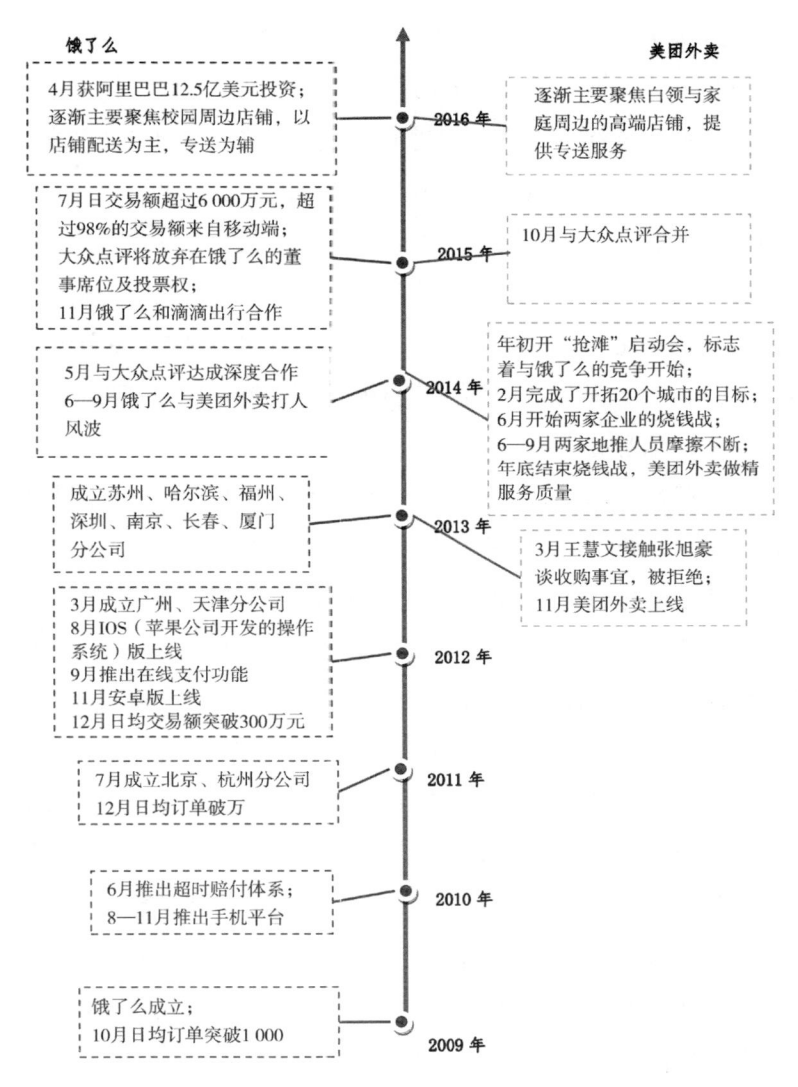

饿了么

- 4月获阿里巴巴12.5亿美元投资；逐渐主要聚焦校园周边店铺，以店铺配送为主，专送为辅 —— 2016年
- 7月日交易额超过6 000万元，超过98%的交易额来自移动端；大众点评将放弃在饿了么的董事席位及投票权；11月饿了么和滴滴出行合作 —— 2015年
- 5月与大众点评达成深度合作；6—9月饿了么与美团外卖打人风波 —— 2014年
- 成立苏州、哈尔滨、福州、深圳、南京、长春、厦门分公司 —— 2013年
- 3月成立广州、天津分公司；8月IOS（苹果公司开发的操作系统）版上线；9月推出在线支付功能；11月安卓版上线；12月日均交易额突破300万元 —— 2012年
- 7月成立北京、杭州分公司；12月日均订单破万 —— 2011年
- 6月推出超时赔付体系；8—11月推出手机平台 —— 2010年
- 饿了么成立；10月日均订单突破1 000 —— 2009年

美团外卖

- 逐渐主要聚焦白领与家庭周边的高端店铺，提供专送服务 —— 2016年
- 10月与大众点评合并 —— 2015年
- 年初开"抢滩"启动会，标志着与饿了么的竞争开始；2月完成了开拓20个城市的目标；6月开始两家企业的烧钱战；6—9月两家地推人员摩擦不断；年底结束烧钱战，美团外卖做精服务质量 —— 2014年
- 3月王慧文接触张旭豪谈收购事宜，被拒绝；11月美团外卖上线 —— 2013年

图3.3 美团外卖与饿了么关键大事件示意图

3.5.2 58同城与赶集网

1. 58同城与赶集网简介

2005年12月12日，姚劲波在北京创建58同城，并于2007年在上海、广州、深圳成立分公司，在全国一二线城市截至2015年共拥有27家直销分

公司，已在全国400个主要城市开通分站，是中国最大的分类信息网站。1999年互联网技术在我国悄然兴起时，毕业于中国海洋大学计算机专业的58同城创始人姚劲波在工作之余创建了名为"易域网"的个人网站。半年之后，姚劲波将这个以域名注册交易为主的个人网站卖给了当时企业信息服务领域的龙头企业——万网，同时姚劲波本人也进入了万网并从底层开始锻炼，他在万网从产品经理、产品总监、华南区总经理一直做到企业的副总。随后，在研究了美国排名前100的网站后，姚劲波被Craigslist（克雷格列表，美国网上大型免费分类广告网站）深深吸引，并于2005年7月开始筹备创建生活信息分类网站58同城。创立58同城的初期，姚劲波一直在模仿Craigslist的模式，模仿了一年以后发觉中国的市场环境与美国大相径庭，Craigslist主要靠个人用户付费的C2C（个人对个人）模式在中国很难实现。于是58同城很快将平台的商业模式从单纯的C2C模式调整为B2C（企业到个人）与C2C共存的模式，依赖B2C模式获取企业会员的用户付费，同时依赖C2C模式获取信息与广告，成功的商业模式转型让58同城的营业收入迅速得到了大幅提升。作为中国最大的分类信息网站之一，58同城将自身平台定位在提供本地社区与免费的分类信息服务，帮助人们解决生活和工作中遇到的难题。58同城的服务业务覆盖到了与生活相关的各个领域，提供房屋租赁与买卖、汽车租赁与买卖、二手物品交易、餐饮娱乐、招聘求职、旅游交友以及宠物票务等多种生活信息服务，覆盖中国所有一、二线城市。2013年10月31日，58同城在纽交所挂牌上市。随后58同城在2014年推出了58到家，主要面向线下的精准化、专业化的到家服务，涉足到家保洁、上门美甲、搬家速运三大项服务；58金融服务平台正式上线，面向58同城自有平台的小微企业或个人用户提供贷款和理财产品，其中包括车贷、房贷、个人消费贷和企业贷等其他安全高收益理财产品；2015年更是加紧脚步，投资E代驾，收购安居客，58同城开始从在线分类信息网站向O2O平台转型。

2005年，杨浩涌在北京创建了赶集网平台，并在上海、广州和深圳设立了分公司,截至2015年赶集网已在全国374个大中城市开通了分站。赶集网创始人杨浩涌在1999年从中国科技大学硕士毕业后,又攻读了美国耶鲁大学的计算机科学硕士。毕业后杨浩涌进入了硅谷世界最大的网络安全公司之一——Juniper Networks(瞻博网络)从事研发工作,在2001至2004年工作期间杨浩涌还创办了Tromphi Networks并出任CEO。2004年12月杨浩涌拿着借来的10万美元回到中国,花了一周的时间在清华科技园学苑大厦租到了一间70平方米的房子并完成了公司注册、招聘员工等事宜,2005年3月创办了互联网平台——赶集网。杨浩涌决定将赶集网锁定在北京,同时锁定了交友、租房、二手货这3种业务,到六七月份,赶集网初步从2 000多家分类信息网站中脱颖而出。作为专业的分类信息网,赶集网为用户提供房屋租赁与买卖、车辆买卖、二手物品买卖、招聘求职、教育培训、同城活动与交友等众多与本地生活和商务相关的信息服务。与58同城的初期就在全国范围开设分公司的形式不同,赶集网采用了区域渠道合作与加盟的方式,2010年03月面向全国范围的区域合作与渠道招商计划正式启动,并与千龙网、北方网、东方网、丁丁网、南方网、大洋网、深圳新闻网、奥一网、华龙网、抓金商务网、四川在线、八维互联、19256聚合搜索等网站达成战略合作。

2015年4月58同城与赶集网宣布合并,在经历了半年后台业务整合后,杨浩涌及其团队于2015年9月从58赶集中撤出,杨浩涌辞去联席CEO职位,但58赶集保留了其联席董事长的职位,同时杨浩涌对集团的持股比例以及其在集团董事会上的投票权仍保持不变。杨浩涌以个人身份投资6 000万美元将赶集好车分拆出来更名为独立平台"瓜子二手车",以提供二手车买卖和贷款服务为主营业务。

2. 58同城与赶集网盈利模式比较

58同城为用户与商家所提供的服务与价值有所差异,其中,58同城针对用户的服务定位是帮助用户在最短时间匹配到用户所需的本地生活服务信息,其服务特点表现为:本地、免费、真实、高效;而58同城针对商家的服务定位则是为商家提供全面、系统、高性价比的整合营销与推广服务,其具体的服务内容表现为:发布广告、店铺开设、招聘人才以及打折促销等。截至2015年,58同城的业务板块主要为五大部分:房产(房屋租赁、二手房买卖)、二手车、二手物品交易、招聘(全职、兼职)和58到家。除这五大板块之外,58同城还覆盖宠物、票务、旅游、交友、团购等生活领域产品。

  58同城采用的是以B2C和C2C结合的商业模式,如表3.8,其盈利来源主要是用户增值服务费用、广告商的广告收入、建立在产品基础上的会员式商家服务费用以及与搜索引擎的联合推广费用4类,其中商家付费占据重要部分。58同城为商家付费会员提供了针对不同行业的招聘、黄页的置顶推广、精准推广和智能推广业务,并推出了微站通、招聘网邻通、名企网邻通、移动企业官网等产品(郭晓菲,2015)。其中,销售广告是最基本的网站盈利模式,除了与谷歌和百度的联合搜索推广外,58同城推出了"智能推广""精准推广"和"置顶推广"等广告业务,并以CPC(cost per click,按点击量收费)或CPT(cost per time,按投放时间收费)的计费方式收取相应费用;网邻通则是专门针对企业与商家推出的VIP会员类产品,内容主要包括普通版、名企版、HR(人力资源)版以及金牌版4种类型的网邻通产品。通常来说,企业在58同城网站上发布招聘等消息后,58同城的城市所在分公司就会有专门的营销人员进行推广,并推荐企业成为付费会员;最后,58同城通过推出联盟搜索促进多家网站之间的资源合作,比如频道共建之类的,这种合作不一定能直接产生盈利,但是能带来流量、带来用户。在互联网世界里,一个网站的用户、流量就能是这个网站的市场价值。

表3.8　58同城的盈利来源

	精准	置顶	智能	品牌	联盟
黄页	CPT	CPT	CPC	CPT	收入分成
招聘					
房产	CPC				
二手					
二手车					

赶集网的盈利来源与58同城十分相似，除了广告收入、用户增值服务费、商家VIP付费和联合推广外，还有一类渠道加盟代理商付费，即开发可以快速部署的分类信息站，通过发展加盟收取加盟费来获利。与58同城开设分公司的形式不同，赶集网在全国只有4家分公司，其余300多家城市分站都是代理商加盟的方式。

总体来说，58同城与赶集网都是以互联网为载体，连接两边用户群、实现他们彼此需求并从中收取一定费用而搭建的平台企业。从业务板块和盈利模式来看，两家企业所涉及的垂直领域重叠程度较高，均为房产（房屋租赁、二手房买卖）、二手车、二手物品交易、招聘（全职、兼职）和商业黄页（主要包括医疗健康、家政服务、教育培训、商务服务、汽车服务、招商加盟、旅游酒店等）这几个板块，盈利模式也极其相似，都是依靠广告收入、地区加盟代理费、用户增值服务费、建立在产品基础上的会员式商家付费及与搜索引擎的联合推广等几大方式进行盈利。具体而言，将以企业会员、付费个人作为付费用户，以个人用户作为补贴用户连接到平台，两边用户都会以各自的需求向平台进行信息的搜索和发布，而企业会员与付费个人方将自己的信息挂到网站上主要是为了收集另一边用户的信息并加以利用，因此平台会向付费用户收取佣金（一般为CPC或CPT的方式），而向另一边用户进行促销和补贴。由于平台存在的跨边网络效应，平台所连接的两边用户会互相吸引进驻，扩大平台的用户规模。一般而言，58同城与赶集网均号召了一批企业和个人进驻平台并发布一些招租、招聘、二手物品等信息，吸引有租房、应聘、买卖物品需求的个人用户进入平台进行搜索和查询，个人用户即可在线上或线下与另一边会员进行交流沟通并达成一定的协议，两边需求即可成功匹配，平台企业就可以以广告、信息收集等方式收取费用。同时，由于掌握着大量的双边用户的数据资源，58同城和赶集网就可以通过分析和挖掘按照双边用户的需求和习惯进行精准的信息推广，更好地服务用户，具体如图3.4所示。

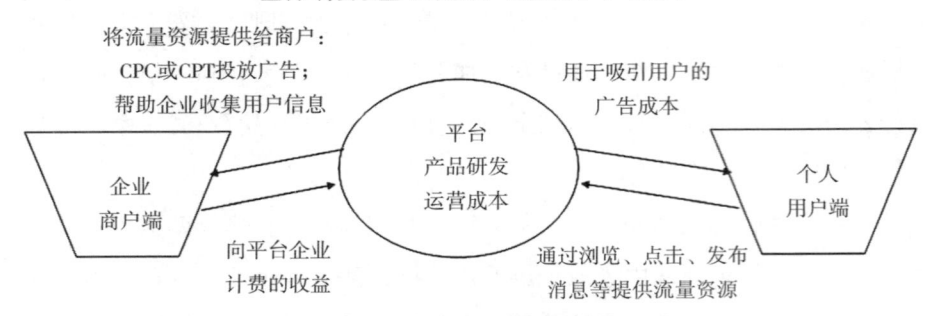

盈利=付费收益-运营成本-研发成本-广告成本

图3.4 58同城与赶集网平台运营机制示意图

注：此图根据实践材料和《平台战略》（陈威如、余卓轩，2013）模型绘制。

3. 58同城与赶集网大事件梳理

两家企业于同年（2005年）成立，并展开了激烈的竞争行为，从2006年58同城挖角赶集网SEO（搜索引擎优化师），到2011年的大规模广告推广活动，两家企业的隔空"对撕"也没有停止过。由于2011年的广告战失利导致赶集网大批高层管理者离职，窝窝团购业务被砍，蚂蚁短租业务分拆；而58同城在斥资7 000万美元与赶集网大打广告战后，也经历了两年的大幅亏损，其中2011年的净亏损额为8 340万美元。而姚劲波与杨浩涌也意识到了，以58同城和赶集网这样体量的公司，如果找不到一个万亿元级的市场，就会感觉比较辛苦。姚劲波和杨浩涌都觉得没有必要"赢了当下，输了未来"，2015年4月17日两家企业高调宣布了合并的消息，对于资本胁迫二者合并，杨浩涌予以否认，投资人即便让杨浩涌签合作，如果他不愿意配合，是做不到的。一旦合并，中国本地生活服务业O2O公司最大的流量来源即宣告诞生，不论是对于58同城还是赶集网，都是再好不过的。经过了几个月的整合和"阵痛"，杨浩涌宣布辞掉58赶集的联合CEO并与原赶集团队一起创立瓜子二手车的独立公司，姚劲波则宣布58赶集与瓜子二手车将继续分享彼此的用户流量，并在58赶集的页面上下架瓜子二手车竞争对手的广告，对瓜子二手车进行排他性支持。58同城与赶集网十年竞合大事件如图3.5所示。

第3章 研究设计与案例介绍

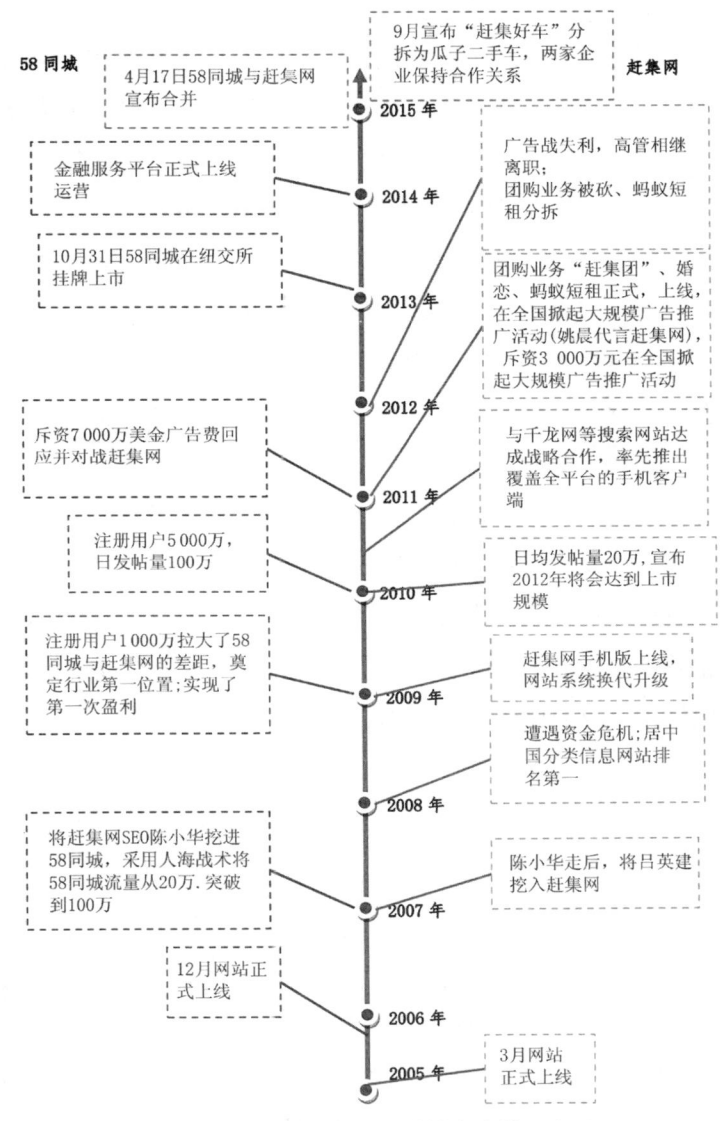

58同城

- 4月17日58同城与赶集网宣布合并 — 2015年 — 9月宣布"赶集好车"分拆为瓜子二手车，两家企业保持合作关系
- 金融服务平台正式上线运营 — 2014年 — 广告战失利，高管相继离职；团购业务被砍、蚂蚁短租分拆
- 10月31日58同城在纽交所挂牌上市 — 2013年 — 团购业务"赶集团"、婚恋、蚂蚁短租正式上线，在全国掀起大规模广告推广活动(姚晨代言赶集网)，斥资3 000万元在全国掀起大规模广告推广活动
- — 2012年 — 与千龙网等搜索网站达成战略合作，率先推出覆盖全平台的手机客户端
- 斥资7 000万美金广告费回应并对战赶集网 — 2011年 —
- 注册用户5 000万，日发帖量100万 — 2010年 — 日均发帖量20万，宣布2012年将会达到上市规模
- 注册用户1 000万拉大了58同城与赶集网的差距，奠定行业第一位置；实现了第一次盈利 — 2009年 — 赶集网手机版上线，网站系统换代升级
- — 2008年 — 遭遇资金危机；居中国分类信息网站排名第一
- 将赶集网SEO陈小华挖进58同城，采用人海战术将58同城流量从20万.突破到100万 — 2007年 — 陈小华走后，将吕英建挖入赶集网
- 12月网站正式上线 — 2006年 —
- — 2005年 — 3月网站正式上线

赶集网

图3.5　58同城与赶集网关键大事件示意图

3.5.3　携程网与去哪儿网

1.携程网与去哪儿网简介

携程网于1999年由梁建章在上海创建，是一个在线票务服务公司，

\ 67 \

2015年已在北京、广州、深圳、杭州、成都、厦门青岛等17个城市开设了分公司，员工数量超过两万五千人。2003年12月，携程网在美国纳斯达克上市。携程网创始人梁建章于1969年出生于上海并在1985年进入复旦大学少年班读书，半年后进入复旦大学计算机专业读本科，1989年时年20岁的梁建章完成了美国佐治亚理工大学的本科与硕士学习。拿到硕士学位后，梁建章进入了ORACLE（甲骨文）研发部。积累了3年研发经验的梁建章在一次回国探亲时，发现国内的创业气氛高涨，因此预感到了自己在国内的发展机会，于是梁建章决定从技术向管理转型。1998年，互联网在中国悄然兴起，梁建章离开ORACLE，与沈南鹏、季琦和范敏一起自立门户创立携程旅行网。在1999年年末携程网启动了网上预订系统后，它先是收购了现代运通这一当时最大的酒店预订中心，随后又收购了北京海岸这一机票代理公司，正式进入机票预订领域，2008年通过收购华程西南旅行社进入了自助游市场。通过一系列大刀阔斧的收购动作，携程旅行网将高科技产业与传统旅游产业进行了高效的整合，为超过九千万会员提供集机票、酒店、度假预订，以及商旅管理、特惠商户及旅游资讯在内的全方位旅行服务。

去哪儿网由庄辰超于2005年2月在北京创建，是一个以旅游搜索引擎为特色的中文在线旅游网站。去哪儿网创始人庄辰超出生于1976年，在1997年他仍然在上大学的时候，庄辰超便开发了"搜索客"这一搜索引擎并将其卖给了Chinabyte（比特网）；两年后他又和后来一起创建去哪儿网的合伙人戴福瑞、彭笑枚创建了名为"鲨威"的体育垂直门户网站，再次将其以1 500万美元卖给了TOM集团。通过连续两次的创业成功，庄辰超早早实现了财务自由。2005年，在国外漂泊多年的庄辰超与戴福瑞(Fritz Demopoulos)、道格拉斯(Douglas Khoo)开启了第三次的创业，他们在北京创建了在线旅游网站——去哪儿网，庄辰超担任去哪儿网的总裁并负责公司的整体运营工作。创办去哪儿网后，庄辰超与他的创业团队详细地规划了公司的整体发展战略与战术，他们第一个做的产品即是机票比价搜索，因此去哪儿网平台是以机票、酒店等机构的代理商为合作店铺起家的。随后，为了保证去哪儿网平台的线上交易安全性和管理统一性，去哪儿网于2010年7月推出了机票在线交易平台TTS(total solution，后改称SaaS)，确保消费者购买的任意一家代理商的产品都会在去哪儿网的平台上进行交易，而不是跳转到商家的网站上，这样就确保了去哪儿网平台对交易数据的统一管理，去哪儿网又通过推出资金保障功能确保了交易的安全性。2011年6月，庄辰超出任首席执行官，全面负责去哪儿网的战略规划和运营管理。去哪儿网为消费者提供机票、酒店、会场、度假产品、旅游产品团购以及其他旅游信息的在线搜索服务，致力于推进中国旅游行业的网络化、移动化发展。

2. 携程网与去哪儿网盈利模式比较

携程网作为OTA（在线旅游业）平台，主要的业务板块即为机票、车票、酒店、跟团游、自由行、租车、景点门票等与旅游相关的几乎全部业务，涉及的旅游地区为国内和国际。而针对机票、车票和酒店等业务，携程网采用了与各航空公司和酒店的直营销售模式，并从中收取佣金。

与携程网类似，去哪儿网的主要的业务板块即为机票、车票、酒店、跟团游、自由行、租车、景点门票等与旅游相关的几乎全部业务，涉及的旅游地区为国内和国际。而与携程网不同的是，去哪儿网主要采取的是与机票、酒店代理商合作的模式，并以CPC和CPS方式从中收取一定费用。

如图3.6所示，从盈利模式上看，携程网的盈利来源主要为两种：佣金与广告费用。其中，佣金主要分为酒店预订代理费、机票预订代理费、自助游中的酒店、机票预订代理费及保险代理费和自主度假业务增值费5类，一般都是从目的地酒店、航空公司等机构等提供的产品盈利折扣返还或价差两种方式获取；广告费用则为在线广告收费及供应商在携程网投放广告而交纳的费用。

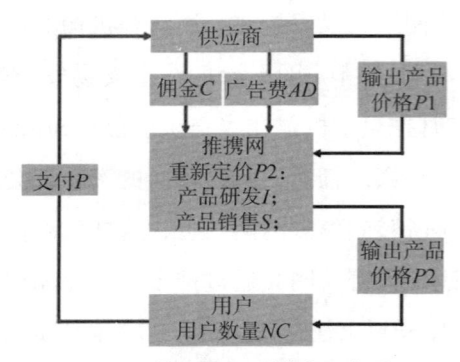

图3.6 携程网盈利模式示意图

如图3.7所示，而与携程网的佣金和广告费盈利方式有所差异，去哪儿网的主要盈利方式为P4P，即pay for performance 的简写，翻译成中文即是"为表现而付费"或是"为效果而付费"，简称为"绩效付费"。P4P主要有两个表现形式，即CPC 和CPS（cost per sell）。

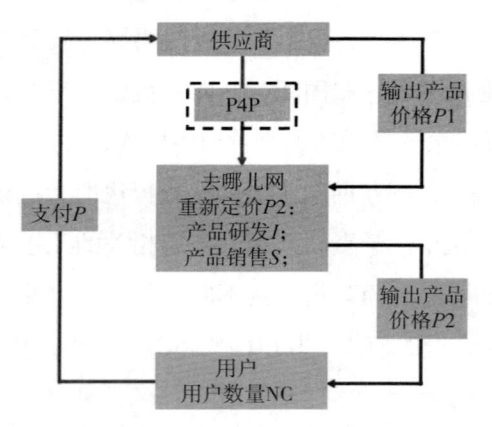

图3.7 去哪儿网盈利模式示意图

总体而言，携程网与去哪儿网都是旅游行业的垂直领域平台，平台所连接的双边用户分别为酒店、机票售卖机构作为付费方和购买机票、酒店服务的个人用户作为补贴方。具体而言，携程网与去哪儿网的付费方（酒店服务、机票售卖机构）在平台上发布自己的产品信息，从而吸引补贴方（订票用户）在平台上进行产品购买，个人用户在平台上购买产品后，售票机构需按比例向平台支付佣金，同时付费方的广告投放也需向平台支付一定的广告费用。一方面，付费方可以通过广告吸引平台的另一边用户关注自己的产品；另一方面，付费方通过多次交易来收集另一边用户的大量信息。平台则拥有大量双边用户的数据资源，通过分析和挖掘按照双边用户的需求和习惯进行精准的信息推广，例如向机票、酒店等付费方提供个人用户的出行偏好，向个人用户提供他习惯偏好的产品推广。从表面看，携程网和去哪儿网都是在线旅游OTA平台，然而去哪儿网给自己的定位其实是垂直搜索电商，携程网主要针对的是直销业务，而去哪儿网除了提供机票、酒店的直销业务，在去哪儿网上还可以搜到各种分销代理商的价格。总体来看，由于P4P与收取佣金的盈利模式的差异，去哪儿网的体量相较于携程网要更大一些，P4P相对于佣金来说更低廉，更能得到代理商们的倾心。因此，携程网与去哪儿网就像是一所学校图书馆与市图书馆的比较。同时，虽然都是航空机票和酒店的业务和商户，携程网的用户大多为对价格不太敏感的商务人士和白领人士，而去哪儿网的用户则更多是中低端用户。携程网和去哪儿网的盈利模式如图3.8所示。

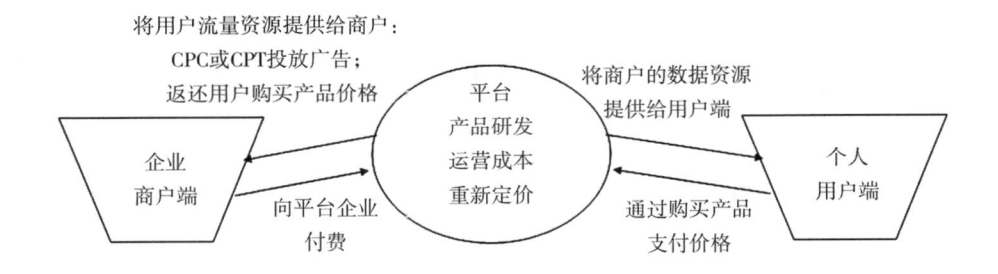

图3.8　携程网与去哪儿网运行机制示意图

注：此图根据实践材料和《平台战略》（陈威如、余卓轩，2013）模型绘制。

3. 携程网与去哪儿网大事件梳理

如图3.9所示，携程网较去哪儿网成立较早，并在2003年已完成上市。去哪儿网于2005年上线后，两家企业的公关战和补贴战就比较激烈，直至2013年两家企业的关系才有所缓和，9月携程网的酒店和机票产品在去哪儿网上线，并在度假产品领域进行了初步合作。2015年，携程网主动发出想收购去哪儿网的邀约，但被去哪儿网书面拒绝，为了实现与去哪儿网的合作，携程网与去哪儿网的最大股东——百度公司达成股权置换交易，去

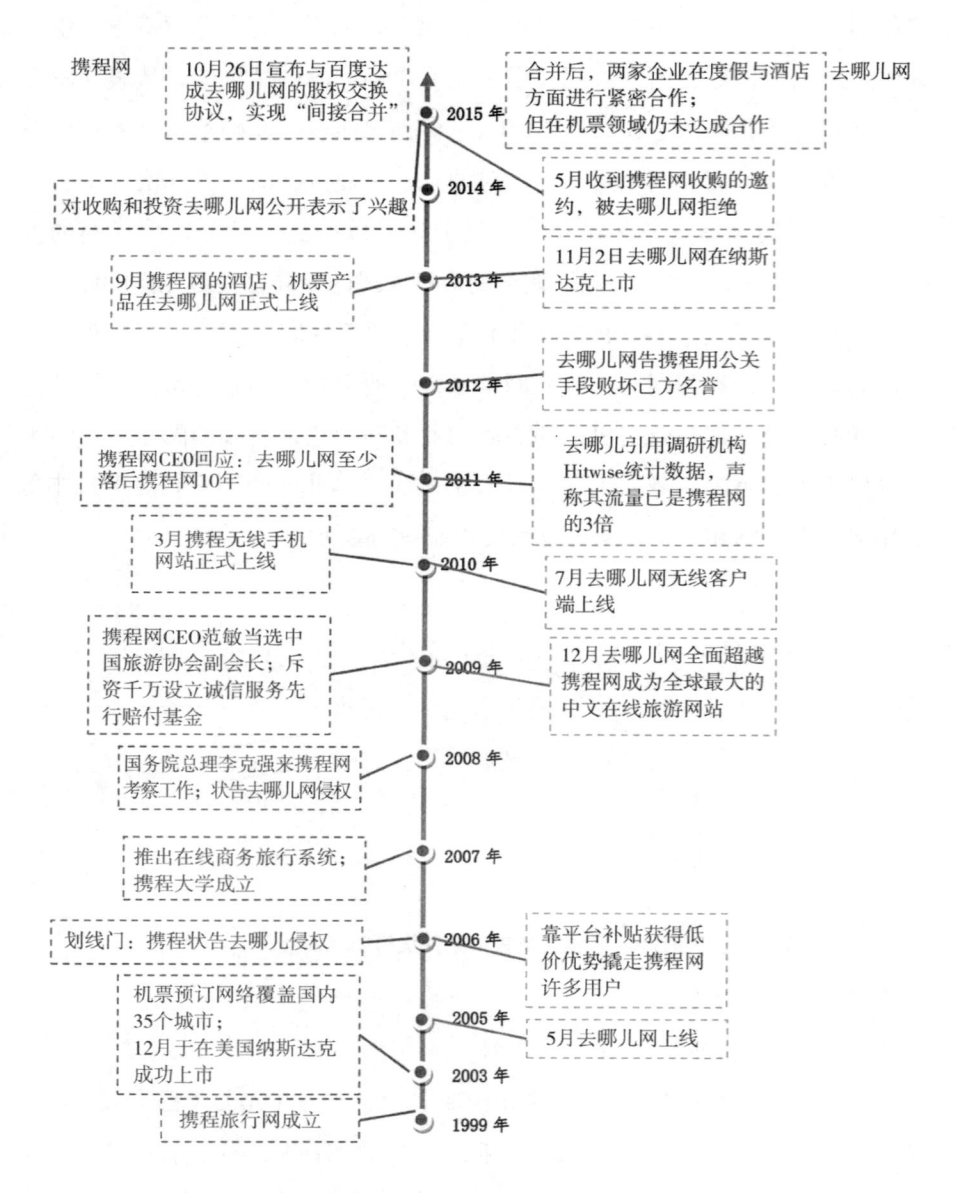

携程网			去哪儿网
10月26日宣布与百度达成去哪儿网的股权交换协议，实现"间接合并"	2015年	合并后，两家企业在度假与酒店方面进行紧密合作；但在机票领域仍未达成合作	
对收购和投资去哪儿网公开表示了兴趣	2014年	5月收到携程网收购的邀约，被去哪儿网拒绝	
9月携程网的酒店、机票产品在去哪儿网正式上线	2013年	11月2日去哪儿网在纳斯达克上市	
	2012年	去哪儿网告携程用公关手段败坏己方名誉	
携程网CEO回应：去哪儿网至少落后携程网10年	2011年	去哪儿引用调研机构Hitwise统计数据，声称其流量已是携程网的3倍	
3月携程无线手机网站正式上线	2010年	7月去哪儿网无线客户端上线	
携程网CEO范敏当选中国旅游协会副会长；斥资千万设立诚信服务先行赔付基金	2009年	12月去哪儿网全面超越携程网成为全球最大的中文在线旅游网站	
国务院总理李克强来携程网考察工作；状告去哪儿网侵权	2008年		
推出在线商务旅行系统；携程大学成立	2007年		
划线门：携程状告去哪儿侵权	2006年	靠平台补贴获得低价优势撬走携程网许多用户	
机票预订网络覆盖国内35个城市；12月于在美国纳斯达克成功上市	2005年	5月去哪儿网上线	
	2003年		
携程旅行网成立	1999年		

图3.9 携程网与去哪儿网关键大事件示意图

哪儿网被动地与携程网进行了合并。2015年10月26日，百度将自己拥有的去哪儿网的17 800余万A类普通股和1 000余万B类普通股置换成了1 000余万股携程增发的普通股。通过此次交易，携程网将拥有去哪儿网的45%的总投票权，百度则拥有携程网的25%的总投票权。携程网与去哪儿网在度假产品上的用户数据进行了深度合作，并将酒店产品充分分享，携程网主攻高端酒店产品而去哪儿网则致力于中低端酒店服务，但是在机票产品上，携程网的机票虽然也在去哪儿网平台上售卖，二者却并没有达成深度合作，甚至依然处于竞争的状态，去哪儿网甚至在一段时间推出了"穿山甲"系统进行用户数据的保密。

3.5.4　58同城与百姓网

1. 百姓网简介

百姓网原名"客集齐（Kejiji）"，由ebay于2005年3月1日在中国创建，是中国国内首家分类信息网站，2008年从ebay正式分拆，由其中国运营团队领导王建硕及金沙江创投一起接盘，随后被改名为"百姓网"，自此百姓网由外资全资子公司正式转变成了中国本土的创业公司。百姓网的领导者王建硕1995年以河南省高考状元的身份考入上海交通大学自动化系，1999年毕业后踏进了微软位于徐家汇美罗大厦里的GTSC（微软全球技术支持中心）办公室。2005年年初被客集齐的猎头邀请加盟到ebay并带队该分类信息平台，全权负责运作eBay在中国的分类广告网站"客齐集"（Kijiji）。到2008年客齐集已在上海、北京、杭州等34个城市开通，拥有了非常好的用户基础。分拆后客集齐改名为更接地气的百姓网，百姓网完全模仿了Craigslist的C2C轻公司模式，员工常年不足百人，以产品、技术、运营等部门为主，主要为用户提供免费搜索和发布二手车辆、物品的买卖，房屋租赁与买卖、招聘求职、交友宠物等方面的本地生活信息服务，百姓网致力于能够让"人人都可广而告之"，让人们享受网络带来的便利。2016年百姓网在新三板上市。

2. 百姓网与58同城盈利模式比较

百姓网与58同城在业务板块上十分相似，百姓网的主要业务分布在二手物品交易、二手车和招聘三大板块，还包括房屋租售、交友活动、宠物领养等本地生活领域的信息服务。除此之外，为了弥补百姓网流量的缺失，百姓网设立了"信息联盟"板块，靠有偿支付的方式吸引个人用户自发帮助百姓网获取流量支持。

如图3.10所示，百姓网主要有三个盈利来源，即个人用户增值服务费、商家推广费用（广告费）和联盟搜索收入。其中，个人用户增值服务费主要是指类目置顶费用，即在每个类目的最上面，放置一些付费置顶的信息。由于置顶位置有限，当置顶信息超过一定数量，系统会自动提高价格。商家推广费用（广告费）与58同城类似，百姓网也会在专门的板块放置赞助商的广告并收取赞助费。联盟搜索收入：主要是指与谷歌和百度（截至2015年是百度）的合作搜索，这样可以扩充流量入口。在边栏放置百度提供的搜索入口和广告，然后百度会定期支付一定费用。虽然58同城与百姓网的灵感都是来源于Craigslist，但与58同城更具中国特色的B2C模式不同，百姓网是完全复制了Craigslist的C2C轻模式，完全靠用户自发进行信息的发布并从中收取自助购买置顶等服务费，其成本几乎忽略不计，盈利来源也较为简单，没有58同城和赶集网的会员费，仅仅依靠用户通过自助购买置顶等服务收取增值费。具体而言，百姓网连接的双边用户均为个人用户，每个用户可以享受每月免费在平台上发布招租、出售二手物品等信息的服务，如要置顶或多发信息则需要付费实现，这些信息吸引另一边用户进入平台，使付费方个人用户能够收集到另一边用户的消息。百姓网也会通过数据的收集和处理为双边用户提供精准的信息推广服务。

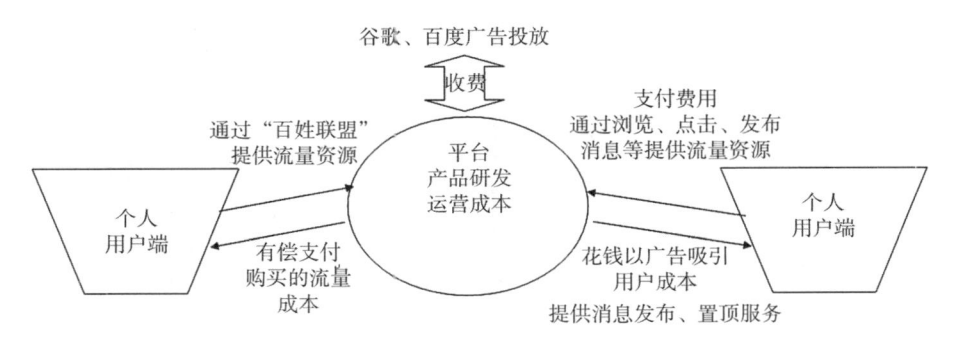

图3.10　百姓网平台运行机制示意图

注：此图根据实践材料和《平台战略》（陈威如、余卓轩，2013）模型绘制。

3. 58同城与百姓网大事件梳理

如图3.11所示，58同城与百姓网于同年成立，自成立以来两家企业似乎没有太多的互动与沟通。2011年58同城与赶集网广告大战之际，王建硕觉得"这并不是可持续的模式"，也与自身的轻模式相悖，从而放弃了进入战局。但是与正面迎击相反，王建硕发现"赶驴"这个关键词火了起来之后，立刻在百度上投放广告，购买这个关键词。同时，百姓网还注册了ganlvwang.com，从口号到内容，皆暗合赶集网的广告，从而抢来了一小波流量和关注度。虽然被抢走了一部分流量，但是58同城与赶集网也没有对百姓网痛下杀手，在二者合并后，王建硕也向58同城提出了收购或合作的意愿，但姚劲波以"这个行业没有老三"的说辞回绝了王建硕。[1]

---

[1] 网易新闻，贺树龙撰稿 https://3g.163.com/coop/ucweb/tech/15/1106/08/B7NO10OV000915BF.html。

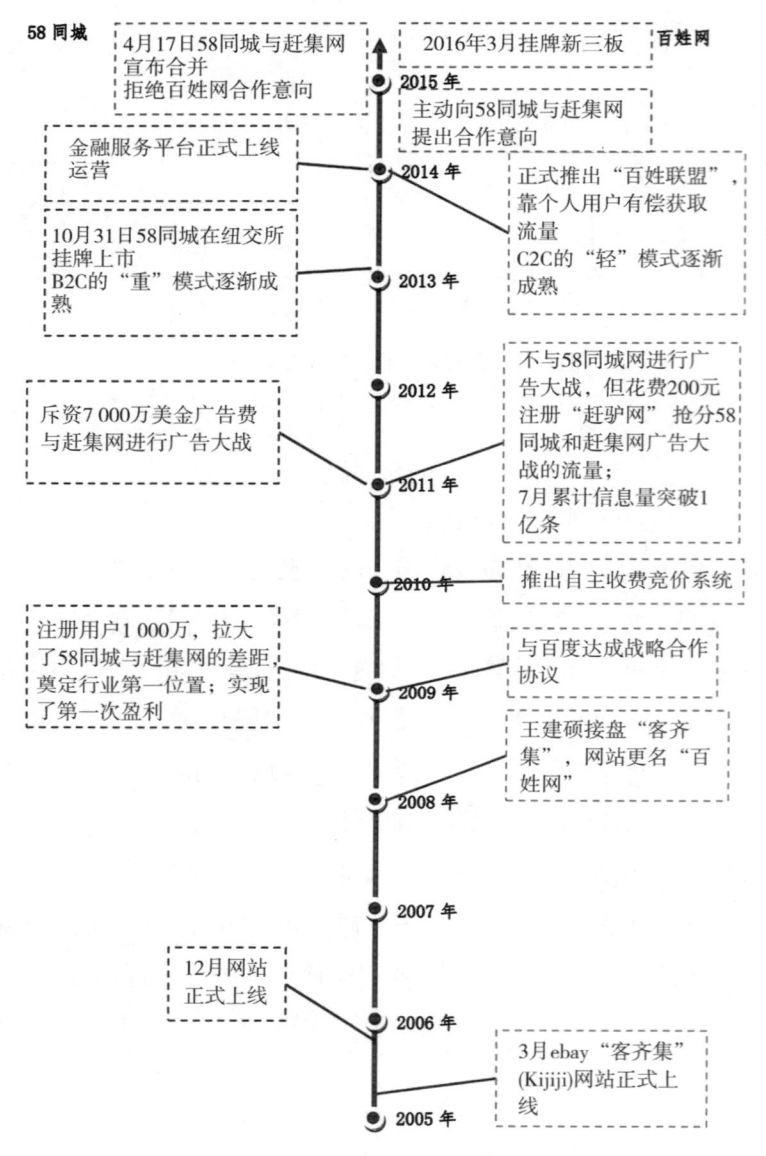

数据资源视角下互联网平台企业竞合战略研究

```
58 同城                                                    百姓网
            ┌──────────────────┐
            │ 4月17日58同城与赶集网 │
            │ 宣布合并           │
            │ 拒绝百姓网合作意向   │────●  2016年3月挂牌新三板
            └──────────────────┘    ●  2015年
                                      ┌──────────────────┐
                                      │ 主动向58同城与赶集网 │
                                      │ 提出合作意向        │
                                      └──────────────────┘
            ┌──────────────────┐
            │ 金融服务平台正式上线 │
            │ 运营              │────●  2014年
            └──────────────────┘       ┌──────────────────┐
                                       │ 正式推出"百姓联盟", │
                                       │ 靠个人用户有偿获取  │
                                       │ 流量              │
            ┌──────────────────┐       │ C2C的"轻"模式逐渐  │
            │ 10月31日58同城在纽交所│     │ 成熟              │
            │ 挂牌上市           │────●  2013年└──────────────────┘
            │ B2C的"重"模式逐渐成 │
            │ 熟                │
            └──────────────────┘
                                    ●  2012年┌──────────────────┐
                                             │ 不与58同城网进行广  │
                                             │ 告大战，但花费200元 │
            ┌──────────────────┐              │ 注册"赶驴网"抢分58 │
            │ 斥资7000万美金广告费 │              │ 同城和赶集网广告大  │
            │ 与赶集网进行广告大战 │────●  2011年  │ 战的流量；         │
            └──────────────────┘              │ 7月累计信息量突破1 │
                                             │ 亿条              │
                                             └──────────────────┘
                                    ●  2010年  推出自主收费竞价系统
            ┌──────────────────┐
            │ 注册用户1000万，拉大 │              ┌──────────────────┐
            │ 了58同城与赶集网的差距│              │ 与百度达成战略合作 │
            │ 奠定行业第一位置；实现│────●  2009年  │ 协议              │
            │ 了第一次盈利        │              └──────────────────┘
            └──────────────────┘
                                    ●  2008年  王建硕接盘"客齐
                                              集"，网站更名"百
                                              姓网"
                                    ●  2007年
            ┌──────────────────┐
            │ 12月网站           │
            │ 正式上线           │────●  2006年
            └──────────────────┘
                                    ●  2005年  3月ebay"客齐集"
                                              (Kijiji)网站正式上
                                              线
```

图3.11　58同城与百姓网关键大事件示意图

3.5.5　案例小结

如图3.12所示，以上四对互联网平台企业均是以数据为核心资源，连接了付费端和补贴端的双边用户，满足双边用户彼此的需求，并从中收取费用作为盈利来源。由于平台存在的跨边网络外部性特征，平台的双边用户会彼此吸引，从而帮助平台企业提高其用户黏性，扩大用户规模。对于"先有鸡还是先有蛋"的问题，从实践来看，平台企业一般会先寻求付费端的用户提供己端的数据在平台上发布，从而吸引补贴端的用户在平台上提供数据，双边用户依托平台实现各自需求的满足。一般来说，补贴端的需求一般是服务或产品，付费端的需求则是补贴端用户提供的数据资源和支付产品的资金，平台企业依靠其所拥有的大量双边用户数据资源，通过分析和挖掘，则可以为双边的用户提供更为精准和柔性化的服务。在这种情况下，补贴端的用户数量越大，所吸引到的付费端用户则越多；而付费端提供的产品和服务独特性越强，补贴端的用户对平台的依赖则越强。同时，由于补贴端用户为平台提供主要的浏览、查询和交易等数据流量，对于平台企业来说，这些消费者反而成了资源提供者，付费端用户则因对补贴端用户数据流量的需求而向平台企业支付费用，并成了平台的盈利来源。因此，这种跨边的网络外部性和新型定价机制正是平台企业区别于传统企业而独有的属性，而数据资源则超越传统的人、财、物成了互联网平台企业的核心资源。

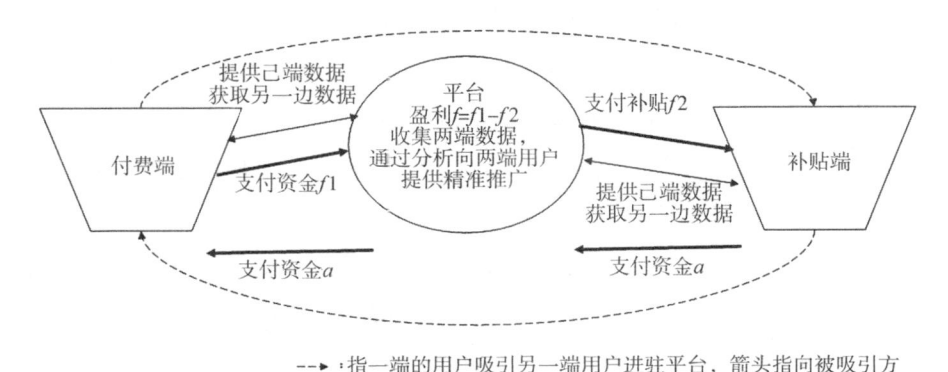

图3.12 互联网平台企业运行机制示意图

3.6 本章小结

本章内容为研究的案例方法论部分，重点对本章的研究过程和案例背景进行细致的描述，详细阐述了选择探索型案例研究方法的原因及理论抽样的过程，并充分展现了案例研究中的数据收集、数据分析的策略和研究过程，以及保证案例研究质量具体的信效度措施。

首先，基于研究目的对研究方法的选择及选择原因进行了详细的阐述，本书意在探究互联网平台企业之间异于传统企业行为的竞合互动机理及其行为策略，该领域的研究尚处于理论前沿探索阶段，尚无成熟理论可以作为研究的理论基础，案例研究正适用于解决这种理论空白较多且回答"How"和"Why"的问题；同时，为了遵循"差别复制"的逻辑并满足本书的理论饱和度和内容完整性，本书选择了多案例研究的方法。

其次，对理论抽样的选取标准、选取原因和选取过程进行了细致的描述，并对数据收集的来源及过程进行了介绍，研究的数据来源主要有三个方面：广泛的二手数据、深入的访谈调查和实地观察，共形成了高层访谈数据、补充访谈数据、新闻数据、文献数据、企业报告数据5种类型的数据来源对数据进行三角验证，提高了数据的可信度。

再次，对研究数据的信效度进行了分析和验证，以保证本书的研究质量。

最后，对选取的案例样本的企业背景从企业简介、盈利模式、企业大事件等方面进行了详细的描述，从整体上把握各案例的运行机制与发展过程。

第4章　竞合战略的数据编码与分析

4.1　数据编码

4.1.1　开放性编码与主轴编码

本章按照扎根理论的思想，遵照托马斯·W. 李（1999）的研究方法对数据进行三级编码。（1）开放式编码。这是对场景进行区别、归类的"显分析"（潘绵臻、毛基业，2009）。在此，遵循自然主义传统，既保持开放的态度，力求不受既有理论文献的束缚和个人偏见的干扰，又最大限度地忠实于所获得的原始数据、条目和场景，使每一个编码能反映一个相对独立的关键事件（郭会斌，2015）。随后，对每个场景逐字逐句进行抽象化处理，共得到24个一阶概念。（2）主轴编码。这是对一阶概念进行范畴化的过程，也是"浅分析"（潘绵臻、毛基业，2009），旨在发现数据间的深层结构。根据概念间的内在一致性，运用"影响因素（平台运行机制、数据资源属性）—战略响应（竞合战略选择）"的"典范模型"，并在案例数据和理论文献间不断地迭代和归纳分析，将24个概念进一步归纳为8个二阶范畴。（3）选择性编码。根据范畴间的逻辑关系，将它们进一步归结为3个主范畴，构建出初步的理论框架。如图4.1所示。

表4.1 开放式编码与主轴编码

主范畴	编码的阶段性结果			原始数据的概念化
	二阶范畴	一阶概念		
盈利端相似性	同质的数据资源	商户资源重合		两家企业的商户相似度极高，导致双边市场用户相似度极高
		核心业务板块重合		平台企业的业务板块高度重合
	异质的数据资源	付费方资源不同		两家企业从模式上看差别很大，一个是B2C（商业机构对消费者的电子商务），一个是C2C（消费者对消费者的电子商务）
		提高资源壁垒		两家企业在商户资源上存在较大差异，一个为直销商户，一个为代理商户
补贴端归属性	多归属数据资源	人口流量可共享		企业为了保持自身资源垄断，会抢着让付费店铺签订独家合作协议
		可同时多地栖息		人口的流量可以同时流向两个平台
	单归属数据资源	争夺人口流量		两家平台企业的个人用户是可以实现完全共享的，广告战的竞争意义反而降低
		不可同时多地栖息		相当一部分用户是同时入驻在两家平台企业上的在租房和应聘等业务的时候，用户一般选择在两个平台都发布消息
竞合战略选择	合作	合作程度高		两家企业为了自身平台上的交易量增大，疯狂抢夺用户端的人口流量
		交易交换频繁		为了增大平台用户的购买频次和订单量，围绕用户端的争夺战愈演愈烈
	占优型			用户若想订餐、出行，每次仅能够在一家平台上进行交易，无须多次付款下单
				两家企业会在流量、人力、资金等资源上充分协同
				两家企业都将各自的数据流量向对方平台导入

续表

主范畴	编码的阶段性结果			原始数据的概念化
	二阶范畴	一阶概念		
竞合战略选择	合作占优型	相互依赖度高	拆分后的平台企业又在原来的平台持有部分股份	
		竞争程度低	合并后的企业为了降低业务冲突，会各有侧重地进行深耕	
	无明显互动型	合作程度低	在竞争对手合并后，两家企业认为彼此模式不同，没有合作的必要	
		交易交换少	两家企业间几乎没有任何的协同交易与投资持股	
		相互依赖低	两家企业间各有各的特点，对彼此没有需求	
	竞争占优型	竞争程度低	在竞争者们激烈大战时，平台企业选择不正面迎击，只是用一些手段"顺手牵羊"了些资源和客户	
		合作程度低	在合作伙伴选择竞争对手后，平台企业即撤掉了该伙伴的合作	
		交易交换少	企业间会对自己平台的用户数据保密	
		相互依赖低	两家企业逐渐开始各自偏向校园市场和白领市场	
	竞合共存型	竞争程度高	为了不让竞争对手得利，企业会抢在对手前与商家签署协议，并大打价格战、补贴战	
		合作程度高	在度假产品、酒店服务方面充分协同	
		交易交换较频繁	在酒店领域，平台企业间充分共享彼此的双边用户数据	
		相互依赖较高	开展合作后，平台企业间进行换股	
		竞争程度高	在机票领域，平台企业间依然对数据保密并抢夺用户	

4.1.2 选择性编码

在选择性编码阶段，由2名团队成员共同对数据反复进行了"模型—数据—文献"的多重迭代，并在由多名教授、副教授、博士研究生和硕士研究生组成的团队中进行反复探讨和多重确认，并对条目和场景进行反复提炼和修正，直到经验数据和既有文献达到吻合。如图4.2所示。

表4.2 选择性编码

范畴机理	范畴内涵
盈利端数据资源异质性—竞合强度—竞合战略	数据资源的价值稀疏性意味着大量同质数据资源的融合会带来价值的爆发式增长，而异质的数据资源则意味着企业资源的独特性，因此盈利端数据资源的异质性会影响企业间的竞合强度，进而带来不同的竞合战略选择
补贴端数据资源归属性—竞合强度—竞合战略	数据资源的开放性和共享性意味着多归属的补贴端数据资源可以为多个平台企业同时获得利益，而单归属的数据资源则意味着企业间无法同时获得，因此补贴端数据资源的归属性会影响企业间的竞合强度，进而带来不同的竞合战略选择

4.2 构念的提炼与界定

4.2.1 构念提炼与编码举例

通过对4对案例企业的编码和构念提炼，共提炼出129条关键构念的编码条目，详见表4.3。

表4.3 关键构念与编码条目

关键构念	子构念	测量变量	关键词举例	美团外卖饿了么A	58赶集B	携程网去哪儿网C	58同城百姓网D	合计
盈利端相似性	同质数据资源	商户资源重合	商户资源、用户子集	—	5	—	—	5
		核心业务重叠	高度相似、业务重合		7			7

续表

关键构念	子构念	测量变量	关键词举例	美团外卖饿了么A	58赶集B	携程网去哪儿网C	58同城百姓网D	合计
盈利端相似性	异质数据资源	付费方资源不同	存在差异、截然不同、高低端分化	1	—	6	10	17
		提高资源壁垒	独家协议、争取线下、提高壁垒	5	—	2	—	7
补贴端归属性	多归属	入口流量可共享	双倍流量、用户共享、流量分发	—	4	—	3	7
		可同时多地栖息	同时发布消息、用户相同	—	3	—	2	5
	单归属	争夺入口流量	争夺客源、拉拢用户	3	—	2	—	5
		不可同时多地栖息	订单量、交易频次	4	—	2	—	6
竞合战略选择	合作占优型	合作程度高	排他性支持	—	2	—	—	2
		竞争程度低	各有侧重	—	5	—	—	5
		交易交换频繁	流量导入	—	6	—	—	6
		相互依赖高	相互持股、资金注入	—	2	—	—	2
	无明显互动型	合作程度低	无须接纳	—	—	—	3	3
		竞争程度低	躲避混战、顺手截流	—	—	—	4	4
		相互依赖低	没有往来、甚少关注	—	—	—	2	2
		交易交换少	特立独行、活于世外	—	—	—	2	2

续表

关键构念	子构念	测量变量	关键词举例	美团外卖饿了么A	58赶集B	携程网去哪儿网C	58同城百姓网D	合计
竞合战略选择	竞争占优型	合作程度低	放弃席位	1	—	—	—	1
		竞争程度高	狭路相逢、加速抢夺、大打出手	15	—	—	—	15
		相互依赖低	无须顾忌、拒绝沟通	2	—	—	—	2
		交易交换少	用户保密	3	—	—	—	3
	竞合共存型	合作程度高	售卖对方产品、业务各有侧重	—	—	6	—	6
		竞争程度高	用户保密、客源争夺	—	—	5	—	5
		交易交换较频繁	分享商家数据	—	—	5	—	5
		相互依赖较高	换股、持股、保持独立	—	—	3	—	3
合计								129

4.2.2 构念的概念界定

为了聚焦本书的研究问题，明确研究问题中所涉及的关键概念，规避命题界定中的模糊和偏差，以及预防对于商业事实不正确的理解和认识，本书通过实践数据的编码提炼和理论文献的梳理优先界定了所研究的构念、子构念和测度变量，其中关键词用于分析所获得的数据。

1. 盈利端数据资源的独特性

互联网平台企业完全符合平台企业的双边市场特征，它连接了平台两端的用户，其中能够给平台带来直接利润和盈利的一端被称为盈利端（profit-making segment）（Rochet and Triole，2002）。数据资源的独特性是指平台企业所拥有的盈利端用户的数据资源是企业独占而其他企业所不拥有或少拥有的。这种独特性与传统资源的排他性相似,但不同点在于传统资源的排他性是资源本身属性决定的,而数据资源本身的可共享属性则决定了这种独特性和排他性是由平台企业主观决定的。与传统的资源异质性相似,独特的数据资源能够给企业带来强大的用户黏性和竞争优势,当这种独特的数据资源被竞争对手获取、抢夺或分享,该数据资源则会失去独特性。

2.被补贴端数据资源的归属性

与盈利端用户不同,互联网平台企业通常给予另一边用户补贴或免费等优惠从而吸引他们入驻平台,这一边的用户通常被称为被补贴端（subsidized segment）或经济中立端（break-even segment）（Rochet and Triole, 2002）。而被补贴端的数据资源归属性本质上体现的是提供数据资源的可重复性,即数据资源就同一事项在同一时间流向多个平台的可能。与平台的用户归属性（multihoming）类似,数据资源的归属性也划分为单归属和多归属（Rochet and Triole, 2002；纪汉霖、张永庆, 2009；刘大为、李凯, 2012）,但与用户归属性含义（用户是否在多个平台上栖息,用户是否只在一个平台进行交易）不同（陈威如、余卓轩, 2013）,数据资源的归属性不仅仅代表用户的交易行为,用户发布、浏览、查询、点击、交易等一切行为都会产生数据,因此本书针对的数据资源的归属性即是指该数据资源是否同一时间可流向多个平台。

3.平台企业的竞合战略选择

互联网平台企业间同时存在的竞争与合作的关系即为互联网平台企业的竞合战略,并从竞争与合作两个维度将互联网平台企业的竞合战略划分为竞争占优型、合作占优型、竞合共存型和无明显互动型四类。其中,竞争占优型指的是当企业与其他竞争者为了竞争地位、市场份额、市场力量等进行争夺而保持的高度竞争的竞合关系状态；合作占优型指的是企业与竞争者间以互补的能力和资源寻求协同时保持的高度合作的竞合关系状态；竞合共存型指的是企业在相互依赖的同时独立地追求各自的目标而保持的高度合作又高度竞争的竞合关系状态；无明显互动型指的是企业与其他竞争者没有显著的互动，几乎独立地在市场上进行活动而保持的既不竞争也不合作的竞合关系状态。

4.3 本章小结

本章为本书的主体部分，重点聚焦于平台模式的机制特征和数据资源属性对互联网平台企业竞合战略选择的影响问题，对收集的二手数据和访谈数据进行了逐级编码和分析，并对提炼出的构念进行了明确的界定。

研究发现，在竞合行为方面，互联网平台企业间的竞合战略基本呈现出了4种不同的类型，即激烈竞争的竞争占优型（美团外卖与饿了么）、紧密合作的合作占优型（58同城与赶集网）、不竞争不合作的无明显互动型（58同城与百姓网），以及既竞争又合作的竞合共存型（携程网与去哪儿网）（如图4.1所示）。

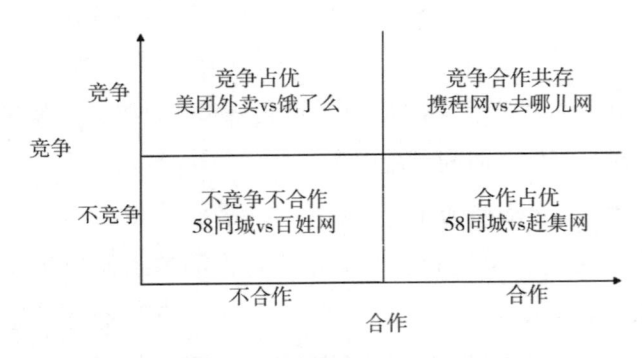

图4.1 案例企业表现出的竞合互动类型

Luo（2008，2014）、Bengtsson and Kock（1999）等根据竞争与合作强度两个维度将竞合战略划分为低竞争低合作的孤立型、低竞争高合作的伙伴型、高竞争低合作的对抗型和高竞争高合作的适应型四个类型，并提出了不同类型的战略特征。本书将案例企业的竞合行为表现与竞合战略特征的理论描述进行了比较和对应,并将最终编码分析得出的4种竞合战略选择类型与Luo等(2008)的竞合战略类型进行了匹配,具体如表4.4所示。

表4.4 互联网平台企业竞合战略特征与行为表现详表

战略类型	战略特征	理论与实践的匹配	行为表现	案例企业
对抗型	√企业互动简单而直接,存在很强的利益冲突; √低信任、低相互依赖 √企业行为直接影响竞争对手的竞争反应	⇔	√2014年开始,平台企业间公关战、补贴战、地推间的摩擦打斗不断; √2015年10月12日,大众点评与美团合并,同时表示退出饿了么董事席,并将放弃在"饿了么"的董事席位及投票权	美团外卖与饿了么
伙伴型	√相互依赖度非常高,经济与信息交易和交换十分频繁; √有着共同的目标且几乎没有冲突	⇔	√2015年4月17日,58同城与赶集网宣布采用5∶5换股形式合并; √58赶集对瓜子二手车采取排他性支持	58同城与赶集网
适应型	√在特定领域合作,在另一个领域采取独立行动; √保持一定的相互依赖性	⇔	√百度将拥有约25%的携程网总投票权,携程网将拥有约45%的去哪儿网总投票权; "去哪儿网的商业模式跟我们不一样,在酒店预订和机票领域两者是合作和竞争的关系,在其他的领域也比较复杂,有时候我们和去哪儿网是竞争对手,有时候是合作伙伴。"	携程网与去哪儿网

续表

战略类型	战略特征	理论与实践的匹配	行为表现	案例企业
孤立型	√企业几乎独立地在市场上进行活动，不与竞争对手进行显著互动； √相互依赖和互动性非常低； √目标各自独立，不存在任何经济交易行为，即使存在互动，也是"顺便为之"	⇔	√对于分类信息行业的广告大战，王建硕确定了不跟进的战略方向。 √58同城和赶集网合并以后，王建硕曾提出合作意向，赶集创始人杨浩涌回答"没必要"，姚劲波则称"这个行业没有第三名"	58同城与百姓网

通过逐级的扎根编码和分析，本书发现，58同城与赶集网、美团外卖与饿了么、携程网与去哪儿网以及58同城与百姓网选择的合作占优型、竞争占优型、竞合共存型以及无明显互动型竞合战略的实践行为表现与Luo（2008，2014）、Bengtsson and Kock（1999）划分的伙伴型、对抗型、适应型和孤立型竞合战略的战略特征描述可以得到基本的匹配和吻合。通过对案例分析与基础理论进行循环迭代与对话，本书认为，互联网平台企业之间的竞合战略选择类型与竞合理论中Luo（2008，2014）、Bengtsson and Kock（1999）的类型划分基本一致。因此，本书会引用前人的伙伴型、对抗型、适应型和孤立型四种战略类型对应本书的四对案例进行进一步的研究论述。

第5章　互联网平台企业竞合战略选择机理研究

5.1　盈利端异质性与竞合战略选择

5.1.1　同质数据资源与竞合战略选择

在58同城与赶集网的案例中，两家互联网平台企业在盈利端的用户数据几乎完全相同。一方面，两家平台企业在盈利端的盈利来源十分相似，均为广告收入、用户增值服务费、商家VIP付费、联合推广以及渠道加盟代理商付费；另一方面，两家平台企业所经营的相关业务板块也相差无几，都提供房屋租售、餐饮娱乐、招聘求职、二手买卖、汽车租售、宠物票务、旅游交友等多种生活信息服务，可以说58同城和赶集网在盈利端所拥有的商户企业的类型和内容均无明显差异，这就意味着两家互联网平台企业在盈利端的数据资源是同质的。而在携程网与去哪儿网的案例中，两家平台企业在商业模式上有些差异，携程网采用的是与各航空公司和酒店的直营销售模式，去哪儿网则采用的是与机票、酒店代理商合作的模式，但是两家平台企业所涉及的盈利端业务板块和盈利来源均无大差别，均为提供机票、车票、酒店、跟团游、自由行、租车、景点门票等几乎全部旅游业务的航空公司、酒店、旅游商户等机构，也就是说携程网与去哪儿网在盈利端的数据资源也是同质的。

与传统资源所具有的难以模仿性、难以复制性不同，数据资源具有共享性、价值稀疏性等特征，共享性即是指数据资源可以无损失地进行复制，两家或多家互联网平台企业可以同时拥有完全相同的数据资源；价值稀疏性则是指在少量数据资源聚集在一起时，其中蕴藏的有用价值是稀疏的，单位数据资源的价值密度非常低，只有海量的数据资源不断融合，才能提升数据资源的价值密度而降低这种价值稀疏性（杨善林，2014；马建光，2013）。数据资源的共享性意味着数据资源可以被轻易地复制和交换，同质的数据资源无法给企业带来打败竞争对手并使自身获利的独特性，同时同质数据资源的融合和共享能够帮助两家互联网平台企业实现数据规模的海量增长并降低数据资源的价值稀疏性，从而挖掘出数据资源中蕴含的巨大价值并实现加成效应，因此在盈利端同质资源的情况下，58同城与赶集网、携程网与去哪儿网才会倾向于合作甚至高度合作的状态。因此，本书提出以下命题。

命题1：互联网平台企业间在同质的盈利端数据资源上倾向于合作。

编码与数据举例详见表5.1。

表5.1 编码与数据举例（1）

二阶范畴	一阶概念	数据引录
同质的数据资源	商户资源重合	B1-1-1：在O2O（线上到线下）行业兴盛前，两家平台企业简直就像同一个模子出来的双胞胎兄弟，甚至两家企业都认为对方的用户是自己用户的子集。 C1-1-1：两家企业在机票、酒店等业务上拿到的资源其实没有什么大的差别，因为从供应商的角度看，只是一样的产品放在不一样的平台上而已
	核心业务重叠	B1-2-1：从业务板块和盈利模式来看，两家企业所涉及的垂直领域重叠程度较高，盈利模式也极其相似。 C1-2-1：对于高度重合的业务，必将有一方的业务和产品运营失去独立性

续表

二阶范畴	一阶概念	数据引录
合作倾向高	合作程度高	B3-1-1：将瓜子二手车分拆后，会在58赶集页面下架瓜子二手车的竞争对手广告，对瓜子二手车进行排他性支持。 C3-1-1：根据去哪儿网副总裁彭笑玫介绍：两家平台企业目前已经在相关的度假产品上达成了合作的一致意向，携程网上的旅游度假产品未来将会全部接入去哪儿网的度假频道之中，但对于机票和酒店的相关产品的合作事宜目前仍在谈判，尚未达成一致
	交易交换较频繁	B3-2-1：但现在双方的流量都是聚焦的，比如赶集网会把流量导入58到家，58到家也会把流量导入赶集网的二手车业务。 C3-2-1：去哪儿网与携程网合并后，酒店价格战的消耗减弱，在进行了数据的充分共享后，与携程网分别分工拓展二三线中低端酒店和高端酒店市场
	相互依赖较高	B3-3-1：两家企业这次的合并采用的是大约五比五的换股形式进行的，合并之后形成的新公司的市值或将超过100亿美元…… C3-3-1：去哪儿网的创始人庄辰超在其内部信中指出，虽然携程网即将成为去哪儿网的最大机构股东，但是并非控股股东。这也为此次的合并考虑到了以后两家企业可能涉及的同业竞争问题

5.1.2 异质数据资源与竞合战略选择

在美团外卖与饿了么的案例中，两家平台企业均是主要提供外卖服务，同时辅助以广告业务、专送服务和供应链进货服务，但随着补贴、广告等恶性竞争逐渐趋于理性，两家企业开始深耕细作，饿了么主要经营校园周边的低端餐饮店铺并让它们自主配送，而美团外卖则更倾向于面向白领和家庭的中高端饭店并为它们提供专送服务，因此可以说美团外卖与饿了么在盈利端商户资源的类型相似但内容不同，两家企业在盈利端的数据资源逐渐趋向异质性。而在58同城和百姓网的案例中，两家平台企业的业务板块相似，均为提供房屋租售、餐饮娱乐、招聘求职、二手买卖、汽车租售、宠物票务、旅游交友等多种生活信息服务，但是盈利和商业模式均存在较大差别，其中以B2C模式为主的58同城在盈利端的数据资源主要为企业需求、企业信息和企业广告，盈利来源则以广告收入、会员付费等费用为主，而以C2C模式为主的百姓网在盈利端则主要以个人用户的需求、信息和推广为主要服务方向，盈利来源则为用户增值服务费、商家推广费用（广告费）和联盟搜索收入，因此，两家平台企业的盈利端数据资源在类型与内容上均有较大差异，可以说58同城与百姓网的盈利端数据资源是异质的。

  一方面，由于数据资源存在共享性和易于复制性特征，数据资源简单快速、低成本的共享使得拥有异质的数据资源才能够使企业具有持续获得利润的独特优势，共享自身的数据资源只会让竞争对手拥有与企业相同的竞争优势而导致企业自身的独特性消失；另一方面，由于数据资源具有价值稀疏性，只有同质数据资源的融合才能够降低这种稀疏性并带来巨大的价值加成，异质数据资源的融合并不能够给企业带来更多的价值和利润，同时由于数据资源存在的复杂性和混杂性使得不同类型数据之间存在一定的结构障碍，这也导致了异质资源的融合存在较大难度。因此，58同城与百姓网、美团外卖与饿了么会出于避免失去自身独特优势、追求价值加成、降低数据资源融合成本等多重考量下，会倾向于较低的合作意愿或选择不合作。因此，本书提出以下命题。

  命题2：互联网平台企业间在异质的盈利端数据资源上倾向于不合作。
  编码与数据举例详见表5.2。

表5.2 编码与数据举例（2）

二阶范畴	一阶概念	数据引录
异质的数据资源	付费方资源不同	A1-1-1：饿了么主要面对校园市场，平台上都是价格相对"低廉"的饭店，而美团外卖则更偏向中高端的白领市场。 D1-1-1：目前分类信息平台推出的产品深度仍然不足，这也逼迫着两家平台企业向B2C模式发展，因此58同城和赶集网现在大多的分类信息列表里大部分都是商家与店铺，它们几乎不考虑为个人用户进行推广了
异质的数据资源	提高资源壁垒	A1-2-1：我们从《对抗学》中学到了很多细节性的知识，例如怎么能够守住那些已经和平台签署独家协议的商家…… D-2-1："百姓网在上海这块做得还是比较好的，如果想硬插进去还是有一定难度，毕竟那是它们盘踞了很久的地盘……"
合作倾向低	合作程度低	A3-1-1：王慧文曾找过张旭豪谈投资和收购，却被张旭豪拒绝。 D3-1-1：58同城和赶集网合并之后，两家公司的创始人曾被问及是否会接纳百姓网。赶集创始人杨浩涌回答"没必要"，姚劲波则称"这个行业没有第三名"
合作倾向低	交易交换少	A3-2-1："有的老板换了名字在美团上开店，然后我们就挨个店铺天天查，天天逼（他们卸载美团）……" D3-2-1：百姓网王建硕发现"赶驴"这个关键词火了起来之后，注册了ganlvwang.com，从口号到内容，皆暗合赶集网的广告，从而抢来了一小波流量和关注度
合作倾向低	相互依赖低	A3-3-1：虽说饿了么在高校市场的竞争中占得先机，但美团外卖不甘示弱奋起直追。当竞争愈发激烈之后，本来漠然的"老死不相往来"竟逐渐演变成为"狭路相逢勇者胜"。 D3-3-1：对于58同城和赶集网之间那场激烈的大战，以及后来58同城和赶集网的合并这些事，百姓网都不曾关心，而且它也不追赶时髦，在"双创"的时代背景中，很多竞争对手都纷纷开始开展新业务，但是百姓网依然不为所动

5.2 补贴端归属性与竞合战略选择

5.2.1 单归属数据资源与竞合战略选择

在美团外卖与饿了么的案例中，两家平台企业在补贴端的数据资源的归属性为单归属，因为每一个补贴端的用户在外卖平台上进行订餐时，根据用户的实际需求每订一份外卖同时选择一个平台进行订餐和支付，如果同时在多个相互竞争的平台企业上进行订餐和支付不但不能够满足用户需求还会增加花费，对于用户来说非常多余，在这种数据资源仅能在同一时间流向单一平台的情况下，美团外卖与饿了么平台的补贴端数据资源为单归属；在携程网和去哪儿网的案例中，补贴端的用户若想要订购酒店、机票，或者跟团旅游、度假，一般都会在对比价格和服务之后，最终只选择一个在线旅游平台进行订购和支付，因为同一补贴端用户无法在同一时间在多个相互竞争平台上购买两张相同的机票或相同的酒店等服务，因而两家平台企业的数据资源仅能在同一时间流向单一平台，携程网和去哪儿网平台的补贴端数据资源为单归属。

虽然数据资源具有共享性特征，但由于单归属的数据资源无法同时流入两个平台中，因此单归属的数据资源可以由企业进行主观的排他，例如平台企业间为了获取订单量和交易量会更选择补贴战、广告战等行为来吸引客户。在这种可以被主观排他的单归属数据资源上，平台企业间必然会倾向于将这些数据资源归于己有而展开激烈的抢夺，因此，平台企业间在补贴端单归属的数据资源上会倾向于竞争甚至以高度竞争的状态来争取用户在自己的平台上交易。因此，本书提出以下命题。

命题3：互联网平台企业间在单归属的补贴端数据资源上倾向于竞争。
编码与数据举例详见表5.3。

表5.3 编码与数据举例（3）

二阶范畴	一阶概念	数据引录
单归属	争夺入口流量	A2-1-1：饿了么疯狂扩张的背后也是基于生活服务平台流量入口的逻辑。 C2-1-1：当初梁建章指定的战略是"把价格战进行到底"，随后很多年所有的在线旅游行业的平台企业都不得不跟着烧钱、打促销
单归属	不可同时多地栖息	A2-2-1：随着两家餐饮网站的覆盖城市和订单量的迅猛增加，围绕用户的争夺战也就愈演愈烈。 C2-2-1：对价格不敏感的白领和商务人士，大多会选择较为方便的携程网；而对于中低端消费者，他们大多会在携程网上看中航班，然后到去哪儿网比对价格并下单
竞争倾向高	竞争程度高	A3-4-1：王慧文曾找过张旭豪谈投资和收购，却被张旭豪拒绝。 A3-4-2：由于饿了么的外卖业务是从校园周边开始做起的，所以其他的竞争对手也选择从同一个市场切入，这并不奇怪。张旭豪如是以为。于是，美团外卖与饿了么在高校的外卖市场打起了激烈的补贴战和价格战，并且在校园里也打起了广告战 C3-4-1：携程网和去哪儿网在过去的几年中，为了抢夺用户流量一直在进行激烈的价格战…… C3-4-2：携程网在这几年积累了优质的技术平台和服务优势……在机票预订方面，携程网和去哪儿网一直是竞争对手的关系

5.2.2 多归属数据资源与竞合战略选择

在58同城与赶集网、58司城与百姓网的案例中，这些互联网平台企业的补贴端用户可以同时在多家平台网站上留下自己的相关信息、点击、和查询痕迹。由于这类互联网平台企业不涉及交易，核心业务即是帮助用户进行有效的信息匹配，因此这些互联网平台企业的补贴端用户可以同一时间选择多个平台进行信息搜索、查询、点击等而不存在冲突，因此58同城、赶集网和百姓网的补贴端数据资源的归属性为多归属。对于这些互联网平台企业来说，无论补贴端的用户是否为同一人，发布、点击或浏览等行为产生的数据资源是否完全相同，都不在平台企业的考虑范围内，因为他们的商业模式是依靠补贴端用户数据资源的流量来向盈利端收费，平台企业关注的更多的是数据资源的规模而非内容，无论谁、是否同时点击广告、发布应聘简历，两家企业都可以从盈利端获得收益，他们之间并不存在竞争和抢夺；另一方面，多归属性的数据资源天然的共享性特征使得平台企业间无法真正实现对竞争对手的排他，无论是广告战还是补贴战，即使增加了平台企业自身的数据资源，也无法阻止补贴端用户同时访问竞争对手的平台，因此企业间会更倾向于不竞争或者低竞争的状态。这种多归属性也说明了在合并之前，58同城和赶集网之间的广告大战、烧钱大战和其他激烈的竞争行为从本质上是没有效果的，因为无论两家企业如何烧钱，数据资源都可以同时流向两家平台，在这种情况下是不可能给予对手沉痛打击的，因此最后两家企业最终放弃了竞争。因此，本书提出以下命题。

命题4：互联网平台企业间在多归属的补贴端数据资源上倾向于不竞争。

编码与数据举例详见表5.4。

表5.4 编码与数据举例（4）

二阶范畴	一阶概念	数据引录
多归属	入口流量可共享	B2-1-1：我们将获得两倍的流量支持，成功的速度和概率将大大提高。 D2-1-1：在某些分类市场，百姓网更像是流量分发平台，比如在二手车领域、金融领域主要是免费和其他垂直公司平台合作
	可同时多地栖息	B2-2-1：58同城和赶集网上拥有的用户都是在起初就积累起来的，而这些用户大多数既在58同城上，也在赶集网上。 D2-2-1：做分类信息其实就像在做一个大型的广告平台，就好比社区外面放的那种公告牌子，它连接的是所有的用户，并且是免费和开放的

续表

二阶范畴	一阶概念	数据引录
竞争 倾向低	竞争 程度低	B3-4-1：合并之后，58同城将更专注于自己擅长的一块58到家的业务，同时也更侧重于企业会员层面的房产与汽车的租赁与买卖业务；而赶集网则更专注于二手车与个人房产市场，于是两家平台企业的服务板块开始各有侧重。 D3-4-1：2011年赶集网与58同城在全国各地的媒体上进行了疯狂的广告大战，对于这场战争，王建硕非常犹豫，他觉得这种方式并不是具有持续性的，所以，经过深思熟虑的考量之后，王建硕决定不跟进这场激烈的广告战。

5.3 互联网平台企业竞合战略选择机理

5.3.1 对抗型竞合战略

在美团外卖与饿了么的案例中，两家企业都是以外卖服务为主营业务的互联网平台。一方面，随着补贴、广告等恶性竞争逐渐趋于理性，两家企业开始深耕细作，美团外卖和饿了么的盈利端用户定位便开始出现差异，例如饿了么多是拉拢校园周边的价格较为便宜的低端餐饮店铺并让它们自主配送，而美团外卖则更倾向于选择面向白领和家庭的中高端饭店并为它们提供专送服务，于是两家企业在盈利端的数据资源逐渐趋向异质性。数据资源天然具备的共享性特征使拥有异质性资源的企业能够获得赚取利润的独特性优势，数据资源的共享反而会使企业失去独特性，企业在利用己方异质数据资源获取到竞争优势后，势必不愿将其分享而导致竞争优势的丧失；同时，由于数据资源具有价值稀疏性特征，同质资源的融合能够带来价值的指数性增长并能够降低价值稀疏性，而异质资源的共享并不能够降低数据的价值稀疏性并提高价值，因此企业间保持较低的合作意愿。这也可以解释美团网当初不愿让支付宝通过交易而获取平台的交易数据资源而选择了"离家出走"。另一方面，美团外卖和饿了么平台的补贴端数据资源是单归属的，因为每一个补贴端用户在订一份外卖时只能选择一个平台进行支付，即数据资源仅能在同一时间流向单一平台。这时，虽然数据资源具有天然的共享性特征，但这种单归属的数据资源可以由企业主观地进行排他，平台企业间为了获取更大的订单量和交易量会更倾向于选择补贴战来吸引客户，因此平台企业间会更倾向于高竞争状态。而这种保持高竞争低合作状态的战略选择正是对抗型竞合战略，选择这种对抗型竞合战略的企业间一般具有较强的利益冲突和较低的合作意愿，竞争互动简单而直接，一家企业的行为会直接影响到竞争对手的激烈竞争反应。因此，本书提出以下命题。

命题5：当互联网平台企业间的盈利端数据资源是异质的，而补贴端的数据资源是单归属时，企业间会倾向于选择对抗型的竞合战略。

编码与数据举例详见表5.5。

表5.5 编码与数据举例（5）

主范畴	二阶范畴	一阶概念	数据引录
盈利端相似性	异质的数据资源	付费方资源不同	A1-1-1：饿了么主要面对校园市场，平台上都是价格相对"低廉"的饭店，而美团外卖则更偏向于中高端的白领市场
		提高资源壁垒	A1-2-1：我们从《对抗学》中学到了很多细节性的知识，例如怎么能够守住那些已经和平台签署独家协议的商家
补贴端归属性	单归属	争夺入口流量	A2-1-1：饿了么疯狂扩张的背后也是基于生活服务平台流量入口的逻辑
		不可同时多地栖息	A2-2-1：随着两家餐饮网站的覆盖城市和订单量的迅猛增加，围绕用户的争夺战也就愈演愈烈

续表

主范畴	二阶范畴	一阶概念	数据引录
竞合战略	对抗型	合作程度低	A3-1-1：王慧文曾找过张旭豪谈投资和收购，却被张旭豪拒绝
		交易交换少	A3-2-1："有的老板换了名字在美团上开店，然后我们就换个店铺天天查，天天逼（他们卸载美团）……"
		相互依赖度低	A3-3-1：虽说饿了么在高校市场的竞争中占得先机，但美团外卖不甘示弱奋起直追。当竞争愈发激烈之后，本来漠然的"老死不相往来"竟逐渐演变成为"狭路相逢勇者胜"
		竞争程度高	A3-4-1：由于饿了么的外卖业务是从校园周边开始做起的，所以其他的竞争对手也选择从同一个市场切入，这并不奇怪。张旭豪如是以为。于是，美团外卖与饿了么在高校的外卖市场打起了激烈的补贴战和价格战，并且在校园里也打起了广告战

5.3.2 伙伴型竞合战略

在58同城和赶集网的案例中，一方面，平台企业的盈利端的业务板块相同，商业模式也无大差别，各个业务板块所涉及的商户企业相差无几，可以说两家企业的盈利端数据资源是同质的，同质数据意味着两家企业并不具有能够打败对方并获利的独特性，并且同质的数据资源在共享后因为降低了价值稀疏性而带来巨大的价值加成效应，因此企业间可能会保持一种较高的合作倾向。另一方面，两家互联网平台企业的补贴端数据资源是多归属的，意味着补贴端的数据资源天然存在着共享性，企业无法对其进行主观的排他，企业之间的竞争与抢夺并不能有更好的效果，因此企业间会保持低竞争的状态。这种多归属性能够解释为什么58同城和赶集网在合并前的广告大战、烧钱大战和其他激烈的竞争行为从本质上是没有效果的，因为无论两家企业如何烧钱，数据资源都可以同时流向两家平台，这种恶性竞争无法真正击败对手，最终两家企业放弃了竞争。这种保持低竞争高合作状态的战略选择正是伙伴型竞合战略，选择这种伙伴型竞合战略的企业间一般具有较高的相互依赖性，并且两家企业的目标一致，并不存在冲突，在资源方面的交易和交换非常频繁。因此，本书提出以下命题。

命题6：当互联网平台企业间的盈利端数据资源是同质的，而补贴端的数据资源是多归属时，企业间会倾向于选择伙伴型的竞合战略。

编码与数据举例详见表5.6。

表5.6 编码与数据举例（6）

主范畴	二阶范畴	一阶概念	数据引录
盈利端相似性	同质的数据资源	商户资源重合	B1-1-1："赶集网的用户是我们用户的子集，商户也是我们的子集。" B1-1-2：从业务板块和盈利模式来看，两家企业所涉及的垂直领域重叠程度较高，盈利模式也极其相似
		核心业务重叠	B1-2-1：从业务板块和盈利模式来看，两家企业所涉及的垂直领域重叠程度较高，盈利模式也极其相似
补贴端归属性	多归属	入口流量可共享	B2-1-1：我们将获得两倍的流量支持，成功的速度和概率将大大提高
		可同时多地栖息	B2-2-1：58同城和赶集网上拥有的用户都是在一开始就积累起来的，而这些用户大多数既在58同城上，也在赶集网上
竞合战略	伙伴型	合作程度高	B3-1-1：卸任CEO之后杨浩涌第一时间投身瓜子二手车直卖网。从双方的公告上看，58赶集将持有46%的股份，并还将集团的资源注入其中。 B3-1-2：将瓜子二手车分拆后，会在58赶集页面下架瓜子二手车的竞争对手广告，对瓜子二手车进行排他性支持

续表

主范畴	二阶范畴	一阶概念	数据引录
竞合战略	伙伴型	交易交换频繁	B3-2-1：但现在双方的流量都是聚焦的，比如赶集网会把流量导入58到家，58到家也会把流量导入赶集网的二手车业务
竞合战略	伙伴型	相互依赖高	B3-3-1：两家企业这次的合并采用的是大约五比五的换股形式进行的，合并之后形成的新公司的市值或将超过100亿美元
		竞争程度低	B3-4-1：合并之后，58同城将更专注自己擅长的一块58到家的业务，同时也更侧重于企业会员层面的房产与汽车的租赁与买卖业务；而赶集网则更专注于二手车与个人房产市场，于是两家平台企业的服务板块开始各有侧重

5.3.3 适应型竞合战略

在携程网与去哪儿网的案例中，虽然商业模式上有些差异，但两家平台企业所涉及的业务板块是几乎相同的。一方面，携程网采用的是与航空公司和酒店的直销模式，去哪儿网采用的是与各代理商的分销模式，但二者最终服务的都是能够提供机票和住宿的航空公司和酒店，他们在同质数据资源上的共享不仅可以实现数据资源规模的剧增，还可以深度挖掘出大数据资源中的巨大价值，实现加成效应，因此企业间会倾向于选择高合作的状态。另一方面，携程网和去哪儿网的补贴端数据资源是单归属的，即用户若要出行订票，只需在一个平台上完成交易，因而数据资源无法同时流入两个平台中。因此，企业间必然会选择一种高竞争的状态来争取用户在自己的平台上交易。这种保持高竞争高合作状态的战略选择正是适应型竞合战略，选择适应型竞合战略的互联网平台企业间一般存在一定的相互依赖性，但也在某些方面保持着相对的独立性。与传统的适应型竞合战略相似，互联网平台企业间也会选择在某种特定数据资源或业务领域上进行竞争，同时在某种特定数据资源或业务领域上进行合作，例如携程网和去哪儿网在酒店和度假产品上的数据共享和差异化行为，以及在机票产品上的用户数据保密行为。因此，本书提出以下命题。

命题7：当互联网平台企业间的盈利端数据资源是同质的，而补贴端的数据资源是单归属时，企业间会倾向于选择适应型的竞合战略。

编码与数据举例详见表5.7。

表5.7 编码与数据举例（7）

主范畴	二阶范畴	一阶概念	数据引录
盈利端相似性	同质的数据资源	商户资源重合	C1-1-1：两家企业在机票、酒店等业务上拿到的资源其实没有什么大的差别，因为从供应商的角度看，只是一样的产品放在不一样的平台上而已
		核心业务重叠	C1-2-1：对于高度重合的业务，必将有一方的业务和产品运营失去独立性
补贴端归属性	单归属	争夺入口流量	C2-1-1：当初梁建章指定的战略是"把价格战进行到底"，随后很多年所有的在线旅游行业的平台企业都不得不跟着烧钱、打促销
		不可同时多地栖息	C2-2-1：对价格不敏感的白领和商务人士，大多会选择较为方便的携程网；而对于中低端消费者，他们大多会在携程网上看中航班，然后到去哪儿网比对价格并下单
适应型	适应型	合作程度高	C3-1-1：两家平台企业目前已经在相关的度假产品上达成了合作的一致意向，携程网上的旅游度假产品未来将会全部接入去哪儿网的度假频道之中，但对于机票和酒店的相关产品的合作事宜目前仍在谈判，尚未达成一致
		交易交换较频繁	C3-2-1：去哪儿网与携程网合并后，酒店价格战的消耗减弱，在进行了数据的充分共享后，与携程网分别分工拓展二三线中低端酒店和高端酒店市场
		相互依赖较高	C3-3-1：去哪儿网的创始人庄辰超在其内部信中之指出，虽然携程网即将成为去哪儿网的最大机构股东，但是并非控股股东。这也为此次的合并考虑到了以后两家企业可能涉及的同业竞争问题
		竞争程度高	C3-4-1：携程网和去哪儿网在过去的几年中，为了抢夺用户流量一直在进行激烈的价格战…… C3-4-2：携程网在这几年积累了优质的技术平台和服务优势……在机票预订方面，携程网和去哪儿网一直是竞争对手的关系

5.3.4 孤立型竞合战略

在58同城和百姓网的案例中，由于商业模式存在较大差异，两家平台企业所拥有的盈利端数据资源也存在较大差异。其中，以B2C模式为主的58同城的盈利端数据资源主要以企业需求、企业信息和企业广告为主，而以C2C模式为主的百姓网则是个人用户的需求、信息和推广。由此，一方面，58同城和百姓网的盈利端数据资源是异质的，即企业之间数据资源的分享不但不会降低数据资源的价值稀疏性并提高价值，反而因共享而失去了企业盈利的独特性，无法给二者的任何一方的价值带来加成效应，企业间保持较低的合作意愿；另一方面，补贴端的数据资源是多归属的，即补贴端用户可以同时在两家网站上留下自己的相关信息、点击和查询痕迹。这时，多归属的数据资源所具有的天然共享性特征使得企业将其进行主观的排他，企业之间的竞争与抢夺并不能有更好的效果，因此企业间会保持低竞争的状态。而这种保持低竞争低合作状态的战略选择正是孤立型竞合战略，选择这种孤立型竞合战略的企业间的相互依赖与互动性都很低，并且彼此之间的目标相对独立，不存在或存在很少的资源交易和交换行为。因此，本书提出以下命题。

命题8：当互联网平台企业间的盈利端数据资源是异质的，而补贴端的数据资源是多归属时，企业间会倾向于选择孤立型的竞合战略。

编码与数据举例详见表5.8。

表5.8 编码与数据举例（8）

主范畴	二阶范畴	一阶概念	数据引录
盈利端相似性	异质的数据资源	付费方资源不同	D1-1-1：目前分类信息平台推出的产品深度仍然不足，这也逼迫着两家平台企业向B2C模式发展，因此58同城和赶集网现在大多的分类信息列表里大部分都是商家与店铺，它们几乎不考虑为个人用户进行推广了
		提高资源壁垒	D-2-1："百姓网在上海这块做的还是比较好的，如果想硬插进去还是有一定难度，毕竟那是它们盘踞了很久的地盘……"

续表

主范畴	二阶范畴	一阶概念	数据引录
补贴端归属性	多归属	入口流量可共享	D2-1-1：在某些分类市场，百姓网更像是流量分发平台，比如在二手车领域、金融领域，主要是免费和其他垂直公司平台合作
		可同时多地栖息	D2-2-1：分类信息领域归根结底是广告平台，就像一个是社区的公告牌，是连接本地用户的平台，是免费且开放的
竞合战略	孤立型	合作程度低	D3-1-1：58同城和赶集网合并之后，两家公司的创始人曾被问及是否会接纳百姓网。赶集网创始人杨浩涌回答"没必要"，姚劲波则称"这个行业没有第三名"
		交易交换少	D3-2-1：王建硕发现"赶驴"这个关键词火了起来之后，注册了ganlvwang.com，从口号到内容，皆暗合赶集网的广告，从而抢来了一小波流量和关注度
		相互依赖度低	D3-3-1：对于58同城和赶集网之间那场激烈的大战，以及后来58同城和赶集网合并的这些事，百姓网都不曾关心，而且它也不追赶时髦，在"双创"的时代背景中，很多竞争对手都纷纷开始开展新业务，但是百姓网依然不为所动
		竞争程度低	D3-4-1：2011年赶集网与58同城在全国各地的媒体上进行了疯狂的广告大战，对于这场战争，王建硕非常犹豫，他觉得这种方式并不是具有持续性的，所以，经过深思熟虑的考量之后，王建硕决定不跟进这场激烈的广告战

5.4 本章小结

本章为本书的主体部分，重点聚焦于平台模式运行机制中盈利端与补贴端双边市场中数据资源的属性特征对互联网平台企业竞合战略选择的影响问题。

一方面，本章探讨了盈利端与补贴端数据资源的相似性属性对互联网平台企业竞合强度的影响问题。本书认为，互联网平台企业之间在盈利端同质的数据资源上倾向于合作，而在异质的数据资源上倾向于不合作；在补贴端单归属的数据资源上倾向于竞争，而在多归属的数据资源上倾向于不竞争。

另一方面，本章探讨了在盈利端与补贴端数据资源属性的共同作用下，互联网平台企业的竞合战略选择机理问题。本章认为，以竞争与合作两个维度的组合形成了伙伴型、对抗型、孤立型和适应型四种竞合战略，而互联网平台企业之间在盈利端同质、补贴端多归属的数据资源上倾向于伙伴型竞合战略选择，在盈利端同质、补贴端多归属的数据资源上倾向于适应型竞合战略选择，在盈利端异质、补贴端单归属的数据资源上倾向于对抗型竞合战略选择，在盈利端异质、补贴端多归属的数据资源上倾向于孤立型竞合战略选择。

第6章 竞合行为的数据编码与分析

6.1 数据编码

6.1.1 开放性编码与主轴编码

本章按照扎根理论的思想,遵照托马斯·W.李(1999)的研究方法对数据进行三级编码。(1)开放式编码。这是对场景进行区别、归类的"显分析"(潘绵臻、毛基业,2009)。在此,遵循自然主义传统,既保持开放的态度,力求不受既有理论文献的束缚和个人偏见的干扰,又最大限度地忠实于所获得的原始数据、条目和场景,使每一个编码能反映一个相对独立的关键事件(郭会斌,2015)。随后,对每个场景逐字逐句地进行抽象化处理,共得到30个一阶概念。(2)主轴编码。这是对一阶概念进行范畴化的过程,也是"浅分析"(潘绵臻、毛基业,2009),旨在发现数据间的深层结构。根据概念间的内在一致性,运用"竞合战略选择—数据资源的行为倾向—竞合行为决策"的"典范模型",并在案例数据和理论文献间不断地迭代和归纳分析,将30个概念进一步归纳为12个二阶范畴。(3)选择性编码。根据范畴间的逻辑关系,将它们进一步归结为4个主范畴,构建出初步的理论框架。如表6.1所示。

表6.1　开放式编码与主轴编码

编码的阶段性结果			原始数据的概念化
主范畴	二阶范畴	一阶概念	
数据资源的配置倾向	分享	资源频繁交换	两家平台企业自合并后就有两个流量入口了
		资源争夺无或很少	两家平台企业会实现资源的充分协同，形成一致目标
	保护	资源无或极少交换	两家平台企业彼此没有后台数据交流的意图
		抢夺/限流对手资源	两家平台企业会截流彼此的数据流量
数据资源的应用倾向	横向差异化	资源类型趋同	两家平台企业在业务板块和商业模式上一致
		资源内容趋于不同	在相同用户数据上，两家企业会在高低端用户和地区进行侧重
	纵向深耕	资源类型趋于不同	在不同的资源方面，两家平台企业会按板块各有侧重
		深度资源挖掘	在不同的资源方面，进行各自板块的深挖和优势发挥
竞合关系状态	伙伴型	合作程度高	两家企业会在流量、人力、资金等资源上充分协同
		竞争程度低	合并后的企业为了降低业务冲突，会各有侧重地进行深耕
		相对地位有差距	合并后形成了"你退我进"的新局面
		相互依赖高	拆分后的平台企业也同时持有原平台的部分股份

续表

编码的阶段性结果			原始数据的概念化
主范畴	二阶范畴	一阶概念	
竞合关系状态	孤立型	合作程度低	在竞争对手合并后，两家企业认为彼此模式不同，没有合作的必要
		竞争程度低	在竞争者们激烈大战时，平台企业选择不正面迎击，只是用一些手段"顺手牵羊"了些资源和客户
		相对地位有差距	从销售额来看，二者的数据相差悬殊
		相互依赖低	两家企业间各有各的特点，对彼此没有需求
	对抗型	合作程度低	在合作伙伴选择与竞争对手合作后，平台企业即撤掉了该伙伴的合作
		竞争程度高	为了不让竞争对手得手，企业会抢在对手前与商家签署协议，并大打价格战、补贴战
		相对地位相当	两家企业在市场上互相抢夺、势均力敌
		相互依赖低	两家企业逐渐开始各自偏向校园市场和白领市场
	适应型	合作程度高	在度假产品、酒店服务方面充分协同
		竞争程度高	在机票领域，平台企业间依然在数据上保密并抢夺用户
		相对地位相当	在在线旅游领域，两家企业是实力相当的龙头
		相互依赖较高	开展合作后，平台企业间进行换股

续表

编码的阶段性结果			原始数据的概念化
主范畴	二阶范畴	一阶概念	
竞合策略行为	深耕互补	产品互补深耕	两家企业采取双品牌战略,在充分共享资源的基础上在业务板块上进行分拆
		目标市场互补深耕	针对不同地区C2C和B2C市场将各自业务领域覆盖并做精,提高区域互补效应
	差异协同	目标市场差异化协同	在将同类型资源进行充分共享协同的基础上,两家企业会通过正式或非正式协议划定产品定位,按照高低端目标用户群进行分别经营
	专业深耕	产品专业化深耕	不与竞争对手抢夺市场,反而针对自身的C2C模式的各自业务板块和产品领域进行深耕细作,提高用户黏性
		目标市场专业化深耕	仅针对一个地区的目标客户群将各业务领域覆盖并做精,提高对手进入该区域的壁垒
	边界差异	目标市场边界划分	不与竞争对手进行数据资源的交流和分享,但为了避开彼此的恶性竞争,选择不同的目标用户群分别经营

6.1.2 选择性编码

在选择性编码阶段,由2名团队成员共同对数据反复进行"模型—数据—文献"的多重迭代,并在由多名教授、副教授、博士研究生和硕士研究生组成的团队中进行反复探讨和多重确认,并对条目和场景进行反复提炼和修正,直到经验数据和既有文献达到吻合。如表6.2所示。

表6.2 选择性编码

范畴机理	范畴内涵
竞合关系状态—数据资源的应用倾向—竞合策略行为	不同竞合战略状态下的互联网平台企业间会有不同的相对地位差距，相对地位相当的互联网平台企业之间会因均不愿放弃自身的任何数据资源而倾向于将彼此的数据资源向差异化进行应用和挖掘，而相对地位有差距的互联网平台企业之间会促使弱势企业放弃一部分数据资源而专注自身擅长的业务板块，强势企业则掌握大部分重复业务所涉及的数据资源挖掘而倾向于向深耕发展。因此不同竞合状态下企业相对地位的不同会带来企业不同的数据资源应用倾向，从而进行不同的竞合行为决策
竞合关系状态—数据资源的配置倾向—竞合策略行为	不同竞合战略状态下的互联网平台企业间对彼此的数据资源有着不同的依赖程度，相对依赖程度高的企业间会更倾向将自身数据资源与竞争对手进行交换和分享，而相对依赖程度低的企业间不愿将自身资源进行交换分享，甚至会避免竞争对手进行截流而倾向于资源保护。因此不同竞合状态下企业间资源依赖程度会带来不同的数据资源配置倾向，从而进行不同的竞合行为决策

6.2 构念的提炼与界定

6.2.1 构念提炼与编码举例

通过对4对案例企业的编码和构念提炼，共提炼出156条关键构念的编码条目，详见表6.3。

表6.3 关键构念与编码条目

关键构念	子构念	测量变量	关键词举例	美团外卖饿了么A	58同城赶集网B	携程网去哪儿网C	58同城百姓网D	合计
数据资源的配置倾向	分享	资源频繁交换	实现互补、流量导入	—	5	4	—	9
		资源争夺无或很少	舍弃重复	—	7	1	—	8

续表

关键构念	子构念	测量变量	关键词举例	美团外卖饿了么A	58同城赶集网B	携程网去哪儿网C	58同城百姓网D	合计
数据资源的配置倾向	保护	资源无或极少交换	用户保密、资源壁垒	2	—	—	4	6
		抢夺/限流对手资源	独家协议、顺手牵羊	3	—	—	10	13
数据资源的应用倾向	横向差异化	资源类型趋同	业务重复	5	—	2	—	7
		资源内容趋于不同	高低端分开、区域差异	4	—	2	—	6
	纵向深耕	资源类型趋于不同	各自板块、各有侧重	—	3	—	2	5
		深度资源挖掘	单一业务资源深挖	—	3	—	2	5
竞合关系状态	伙伴型	合作程度高	排他性支持、流量导入	—	2	—	—	2
		竞争程度低	各有侧重	—	5	—	—	5
		相对地位有差距	你进我退	—	2	—	—	2
		相互依赖高	资源互补	—	6	—	—	6
	孤立型	合作程度低	无须接纳	—	—	—	3	3
		竞争程度低	躲避混战、顺手截流	—	—	—	4	4
		相对地位有差距	相差悬殊	—	—	—	2	2
		相互依赖低	特立独行、活于世外	—	—	—	2	2

续表

关键构念	子构念	测量变量	关键词举例	美团外卖饿了么A	58同城赶集网B	携程网去哪儿网C	58同城百姓网D	合计
竞合策略行为	对抗型	合作程度低	放弃席位	1	—	—	—	1
		竞争程度高	狭路相逢、加速抢夺、大打出手	15	—	—	—	15
		相对地位相当	势均力敌、各不相让、各有所长	4	—	—	—	4
		相互依赖低	用户保密	3	—	—	—	3
	适应型	合作程度高	售卖对方产品、业务各有侧重、分享数据	—	—	6	—	6
		竞争程度高	对用户数据保密、争夺客源	—	—	5	—	5
		相对地位相当	各有所长、势均力敌、各不相让	—	—	3	—	3
		相互依赖较高	换股、持股、保持独立	—	—	5	—	5
	深耕互补	产品互补深耕	各有侧重、业务分拆、互补、充分共享	—	5	—	—	5
		目标市场互补深耕	专注B2C与C2C、各有侧重	—	4	—	—	4

续表

关键构念	子构念	测量变量	关键词举例	美团外卖饿了么A	58同城赶集网B	携程网去哪儿网C	58同城百姓网D	合计
竞合策略行为	差异协同	目标市场差异化协同	高低端分开、充分协同、一致对外	—	—	5	—	5
	专业深耕	产品专业化深耕	专注蓝领	—	—	—	4	4
		目标市场专业化深耕	盘踞上海、做精C2C	—	—	—	3	3
	边界差异	目标市场边界划分	高低端分开、对用户数据保密	6	—	—	—	6
合计								154

6.2.2 构念的概念界定

为了聚焦本书的研究问题，明确研究问题中所涉及的关键概念，规避命题界定中的模糊和偏差，以及预防对于商业事实不正确的理解和认识，本章通过实践数据的编码提炼和理论文献的梳理优先界定了所研究的构念、子构念和测度变量，其中关键词用于分析所获得的数据。

1. 数据资源的配置倾向

当互联网平台企业确定了与竞争对手之间的竞合战略选择后，会根据所处的竞合战略状态对两家互联网平台企业之间的数据资源进行配置。由于互联网平台企业之间无法针对同一种数据资源同时进行竞争与合作，因此针对各类型的数据资源企业在进行配置时就会产生对这些数据资源是否进行分享的倾向与考量，我们称这种倾向为数据资源的配置倾向。虽然商业实践经常强调大数据的共享，但大多数商业实践者和理论研究者也认为，对于以数据资源为核心资源的互联网平台企业来说，并不是所有数据都是可以拿出来分享的（杨善林，2015），因此互联网平台企业之间数据资源的配置倾向大致可以分为两类，即数据资源的共享与数据资源的保护,其中,数据资源的共享即是指平台企业会与其竞争对手交换并充分融合彼此的数据资源;数据资源的保护即是指平台企业会与其竞争对手以科技手段对各自的用户数据进行保密,以防止竞争对手的窃取和截流。

2. 数据资源的应用倾向

当互联网平台企业之间确定竞合战略选择后,除了要考虑如何配置双方平台企业的数据资源,还需要考虑如何将这些合理配置的数据资源进行挖掘和应用。与传统企业在垂直价值链条上争夺下游客源的单一竞争形态不同,互联网平台企业由于掌握的数据资源数量庞大、类型丰富,其网状供应特点使得平台企业可以从四面八方链接多边市场,这种横向的覆盖式战略是互联网平台企业所特有的(陈威如、余卓轩,2013),因此互联网平台企业之间在商业实践中大多会有"一横"或"一纵"的布局,即通过对海量的数据资源不同方向性的深挖和应用产生数据价值并形成企业的竞争优势。而不同竞合战略状态下的互联网平台企业之间也会从整体上对数据资源挖掘和运用的方向存在考量和倾向,以便形成有利于两家平台企业共赢发展的平衡态势,我们称这种对数据资源挖掘与运用的倾向为企业对数据资源的应用倾向。通过对商业实践案例的数据编码与分析,并结合Poter(1985)的《竞争战略》与陈威如等人的《平台战略》中对企业行为的研究与描述,本章将数据资源的应用倾向按照"一横"与"一纵"的布局划分为了横向差异化与纵向深耕两种类型,其中横向差异化指的是从横向进行覆盖式的广泛布局,企业通常针对相同类型的资源,按照资源内容(例如偏好差异——高低端、区域差异——南北方)进行分开经营,从而对整体数据资源挖掘后形成全产业领域的差异化经营;而纵向深耕则是针对某一领域做精做细,企业之间针对不同类型的资源,按照资源性质(资源类型)进行深度挖掘,并对各自类型数据资源挖掘后形成单一市场或业务的聚焦经营。

3. 互联网平台企业的竞合策略行为

基于数据资源配置倾向与应用倾向,处于不同竞合战略状态下的互联网平台企业会进行竞合行为的决策。具体而言，互联网平台企业会针对不同数据资源做出四种不同的竞合策略行为，即深耕互补、专业深耕、差异协同以及边界差异。其中，差异协同是指两家平台企业在共享和融合彼此的数据资源的基础上，针对所有类型的资源进行全领域的覆盖经营，并在每个领域形成高低端、区域差异等差异化的竞合行为；边界差异是指两家平台企业在全领域覆盖经营并对各自数据资源进行保密的基础上，为了避开彼此的锋芒采取的各领域高低端、区域差异等差异化的竞合行为；深耕互补是指两家平台企业在共享和融合彼此的数据资源的基础上，根据不同类型的数据资源分别进行分工，将各自擅长和侧重的数据资源进行深度的挖掘并将领域做细做精而采取的竞合行为；专业深耕是指两家平台企业对自身拥有的与对方不同类型资源进行保密的基础上，对各自擅长和侧重的数据资源进行深度的挖掘并将领域做细做精而采取的竞合行为。

6.3　本章小结

本章为本书的主体部分，重点聚焦于不同竞合战略状态下互联网平台企业的竞合行为决策，对收集的二手数据和访谈数据进行了逐级编码和分析。首先，结合不同竞合战略状态的互联网平台企业间的特征以及互联网平台企业之间的行为表现，对收集到的一二手数据进行开放式编码与主轴编码，提炼出了30个一阶概念与12个二阶概念；其次，通过"模型—数据—文献"的多重迭代，按照"竞合战略状态—数据资源的行为倾向—竞合行为决策"的主逻辑对编码的二阶概念进行选择性编码，形成2个主范畴，提炼出了初步的逻辑框架；最后，结合编码分析结果与现有理论基础的对话，对提炼的构念进行了明确的界定和类型划分。

第7章 互联网平台企业的竞合行为研究

7.1 数据资源的配置倾向

7.1.1 共享倾向

在伙伴型竞合关系状态下的58同城与赶集网之间的相互依赖度非常高，且在商业、信息和社会上的交易和交换十分频繁，有着共同的目标并且几乎没有冲突（Bengtsson and Kock，1999）。两家互联网平台企业在自身和竞争对手的数据资源的配置倾向体现在：（1）合并后的58同城和赶集网在招聘、汽车、房产和生活服务多个产业领域的数据资源上都进行了充分的协同和共享，并且均将流量导入彼此的平台，实现两家互联网平台企业的优势互补和补充；（2）赶集网原CEO杨浩涌将原赶集好车分拆成独立的二手车交易平台"瓜子二手车"，58赶集则持有瓜子二手车平台46%的股份，在与瓜子二手车平台进行数据资源的充分共享基础上，两家平台企业均下架了彼此竞争对手的广告信息，以实现与竞争对手之间的排他性支持。

在适应型竞合关系状态下的携程网与去哪儿网之间存在一定的交易交流和相互依赖度，商业表现为在一个特定领域与竞争者合作，在另一个领域采取独立行动提高自身绩效（Luo，2008，2014）。两家互联网平台企业在自身和竞争对手的数据资源的配置倾向体现在：（1）在携程网和去哪儿网进行合并之后，两家互联网平台企业陆续将自己的度假产品接入了彼此平台的度假频道；（2）去哪儿网开始售卖携程网的酒店、机票等产品，两家企业将数据资源同时引入了彼此的平台中，还将涉及酒店市场的数据资源进行了一定程度的共享。

业务板块和盈利模式均相似的58同城与赶集网、携程网与去哪儿网两对企业之间的数据资源是同质的，同质数据资源的融合能够有效降低数据资源的价值稀疏性而实现数据价值效应的加成，同时这两对互联网平台企业之间均表现出较高的相互依赖性，在相互依赖性较高的互联网平台企业间一般在确定竞合战略后，进行彼此数据资源的配置时都会愿意用自己的数据资源与对方的数据资源进行交换与交流，以此实现彼此的共同成长。因此58同城与赶集网、携程网与去哪儿网这两对互联网平台企业在数据资源上愿意选择共享。因此，处于伙伴型和适应型竞争战略状态的互联网平台企业间更倾向于对数据资源进行分享。由此，本书提出以下命题。

命题9：处于伙伴型与适应型竞合战略状态下的互联网平台企业对数据资源的配置倾向为分享。

编码与数据举例详见表7.1。

表7.1 编码与数据举例（1）

主范畴	二阶范畴	一阶概念	数据引录
数据资源的配置倾向	分享	资源频繁交换	B4-1-1：赶集网将自己在汽车与招聘领域的数据优势，和58同城在房产与其他生活服务领域的数据优势进行充分结合，未来会迅速产生协同效应。 C4-1-1：……目前两家平台企业已经在旅游度假产品的合作上达成了一致意见……携程网上的旅游度假产品未来会全部接入去哪儿网的平台上
		资源争夺无或很少	B4-2-1：对于两家平台企业来说，持续的恶性竞争并不利于双方在多个分类信息领域的深度布局，因此，合并之后通过数据的充分协同，可以最大程度上避免不必要的资源消耗。 C4-2-1：为了应对在线旅游行业其他竞争对手的进攻，携程网和去哪儿网在各类数据上形成了充分的协同和对外的一致：比如说发挥去哪儿网中低端酒店的优势与美团对阵，而中高档酒店则由携程网对阵艺龙；机票方面则由数据更为领先的去哪儿网来做

续表

主范畴	二阶范畴	一阶概念	数据引录
竞合战略状态	伙伴型	合作程度高	B3-1-3：58同城与赶集网合并之后会组建新的58赶集有限公司，但在平台运行上是各自独立的，姚劲波和杨浩涌会联合出任CEO，并一起向董事会汇报
		相互依赖高	B3-3-2：在合并7个月之后，58赶集集团还是如同业界预计一样迎来了"你退我进"的局面：杨浩涌辞去了58赶集公司的联席CEO职位，并且退出了集团公司的管理岗位，58赶集的全部重担交给姚劲波，而杨浩涌则自己出资创建"瓜子二手车"平台，同时58赶集也拥有46%的瓜子二手车的股份
		竞争程度低	B3-4-2：从58赶集中分拆出的瓜子二手车平台是58赶集集团孵化的重要创新业务，因此58赶集集团对会其进行持续的支持，包括用户流量和人才方面的资源支持
		相对地位有差距	B3-5-1：卸任CEO之后杨浩涌……为瓜子掏钱融资，个人出资6 000万美元。 从双方的公告上看，即使是独立的瓜子二手车也与58赶集集团有着不可分割的关系：58赶集将持有46%的股份，并还将集团的资源注入其中
	适应型	合作程度高	C3-1-1：两家平台企业目前已经在相关的度假产品上达成了合作的一致意向，携程网上的旅游度假产品未来将会全部接入去哪儿网的度假频道之中，但对于机票和酒店的相关产品的合作事宜目前仍在谈判，尚未达成一致
		竞争程度高	C3-4-1：携程网和去哪儿网在过去的几年中，为了抢夺用户流量一直在进行激烈的价格战…… D3-4-2：携程网在这几年积累了优质的技术平台和服务优势……在机票预订方面，携程网和去哪儿网一直是竞争对手的关系
		相互依赖高	C3-3-1：去哪儿网的创始人庄辰超在其内部信中指出，虽然携程网即将成为去哪儿网的最大机构股东，但是并非控股股东。这也为此次的合并考虑到了以后两家企业可能涉及的同业竞争问题
		相对地位相当	C3-5-1：两家互联网平台企业在各业务上的优势是各有千秋的，比如说去哪儿网在机票领域和移动端更有优势，而携程则在酒店等方面更具优势

7.1.2 保护倾向

在孤立型竞合战略状态下的58同城与百姓网之间缺乏交易交流、相互依赖度非常低，两家互联网平台企业在自身和竞争对手的数据资源的配置倾向体现在：（1）58同城与百姓网在商业实践中均没有任何方式的数据资源的交换行为，百姓网曾经向58同城提出合作意愿从而进行资源共享，但是58同城则认为两家平台的数据资源并不匹配从而拒绝了百姓网的邀约；（2）在58同城与赶集网激战正酣时，58同城并没有将百姓网纳入广告战的竞争对手考量中，而此时百姓网也没有选择进行正面迎击，而是选择以注册误导性名称的网站将58同城与赶集网的数据资源截流到自己的平台上。

在对抗型竞合战略状态下的美团外卖与饿了么之间存在很强的利益冲突，相互依赖度极低且不存在交流和交易，抢夺目标一致，竞争互动简单而直接，两家互联网平台企业在自身和竞争对手的数据资源的配置倾向体现在：（1）美团外卖与饿了么在商业实践中不仅不存在任何方式的数据资源交换行为，而且当饿了么原本的合作伙伴大众点评网与美团外卖的母公司美团网合并时，大众点评放弃了其在饿了么的投票权，以此两家企业不愿有任何的资源交流以防止对手的截流；（2）美团外卖与饿了么不仅没有数据资源上的交流和交换，甚至在线下也不断为了争取更多的商户数据资源而发生正面和侧面的冲突，例如与商家签订独立协议，要求并监督商家不允许与其他竞争性平台合作；为了争取更多的商户资源，美团外卖与饿了么的线下地推人员不断产生冲突和摩擦。

数据资源虽然天然具有可共享性的特征，但是这也并不意味着数据资源并不是都可以共享出来的（杨善林，2015），对于可以主观进行排他的单归属数据资源，互联网平台企业势必要进行争夺和保护以在激烈的市场竞争中建立竞争优势。同时，对于对抗型与孤立型竞合战略状态的两对企业来说，美团外卖与饿了么、58同城与百姓网对彼此的相互依赖度都很低，并不需要依赖外部竞争者的资源来实现企业的生存和进一步发展

（Bensston，1999），这种极低的相互依赖性也使得互联网平台企业间在不需要竞争对手数据资源的基础上，更不愿意将自身具有独特优势的异质数据资源分享给竞争对手，因此，处于对抗型和孤立型竞争战略状态的互联网平台企业间更倾向于对数据资源进行保护。由此，本书提出以下命题。

命题10：处于对抗型和孤立型竞合战略状态下的互联网平台企业在数据资源的配置倾向为保护。

编码与数据举例详见表7.2。

表7.2　编码与数据举例（2）

主范畴	二阶范畴	一阶概念	数据引录
数据资源的配置倾向	保护	资源无或极少交换	A4-1-1：两家平台企业之间不存在任何的信息交流，并且还在校园市场不停地在打价格战和补贴战，为了抢夺用户两家企业争相在校园中贴各自的海报。 D4-1-1：百姓网并不关心58同城与赶集网之间的竞争或合并等这些事情，它专注于C2C模式的各种业务，对线上的搜索引擎、网址大全等业务持续跟进，并且百姓网更懂得拉拢个人用户来扩大平台规模
		抢夺/限流对手资源	A4-2-1：饿了么联合创始人康嘉告诉《博客天下》："我和CEO张旭豪直接参与了大概有五六座城市的争夺战。" D4-2-1：与正面迎击相反，王建硕展示了自己的"小幽默"：王建硕发现"赶驴"这个关键词火了起来之后，立刻在百度上投放广告，购买这个关键词。同时，百姓网还注册了ganlvwang.com，从口号到内容，皆暗合赶集网的广告，从而抢来了一小波流量和关注度。现在你在谷歌中搜索一下"赶驴网"，这个网站已经排在第一名了，赶集网在央视花大价钱投放的广告效果，不少就被截流到了百姓网

续表

主范畴	二阶范畴	一阶概念	数据引录
竞合战略状态	孤立型	合作程度低	D3-1-1：58同城和赶集网合并之后，两家公司的创始人曾被问及是否会接纳百姓网。赶集创始人杨浩涌回答"没必要"，姚劲波则称"这个行业没有第三名"
		竞争程度低	D3-4-1：2011年赶集网与58同城在全国各地的媒体上进行了疯狂的广告大战，对于这场战争，王建硕非常犹豫，他觉得这种方式并不是具有持续性的，所以，经过深思熟虑的考量之后，王建硕决定不跟进这场激烈的广告战。有人说过，58同城和赶集网在北京的市场打得凶猛，而百姓网在上海却活得格外逍遥和清净。很多信息服务领域的互联网平台企业在那场大战中纷纷"站队"，竞争气氛也异常紧张，但是百姓网却能够保持在乱世中活得超脱
竞合战略状态	孤立型	相互依赖度低	D3-3-1：与58同城和赶集网在不断开设分站和扩张地盘不同，百姓网只盘踞在上海一地，从不在除上海之外的城市设立分站。 D3-3-2：百姓网的C2C模式与58赶集不同，这种模式具有更好的扩张性，因此百姓网即使不设立分站办事处，也可以很快进入到国内的三、四线城市
		相对地位有差距	D3-5-1：58同城与百姓网在2015年分别实现营收7.15亿元与1.46亿元，具有一定的差距，并且58同城已经掌控了各大城市的主动权，百姓网只好走"农村包围城市"的路线

续表

主范畴	二阶范畴	一阶概念	数据引录
竞合战略状态	对抗型	合作程度低	A3-1-1：王慧文曾找过张旭豪谈投资和收购，却被张旭豪拒绝
		竞争程度高	A3-4-1：由于饿了么的外卖业务是从校园周边开始做起的，所以其他的竞争对手也选择从同一个市场切入，这并不奇怪。于是，美团外卖与饿了么在高校的外卖市场打起了激烈的补贴战和价格战，并且在校园里也打起了广告战
		相互依赖低	A3-3-1：虽说饿了么在高校市场的竞争中占得先机，但美团外卖不甘示弱，奋起直追。当竞争愈发激烈之后，本来漠然的"老死不相往来"竟逐渐演变成为"狭路相逢勇者胜"
		相对地位相当	A3-5-1：美团外卖与饿了么两家互联网平台企业相比较，竞争手法各有特色，并不相同，美团外卖是凭借美团网总公司的强大实力选择孤军奋战，而饿了么则是善于联合各个大型企业与自己共同奋战，两家企业各有千秋

7.2 数据资源的应用倾向

7.2.1 横向差异化

互联网平台企业间的竞争格局较传统行业的竞争要更为复杂，在商业实践一般会根据自身与竞争对手的实际情况实行"一横"或"一纵"的数据资源挖掘与应用方向上的布局。在美团外卖与饿了么的案例中，两家互联网平台企业间在数据资源的挖掘与应用倾向的实践表现为：（1）美团外卖与饿了么的业务均是连接餐饮店铺用户群和个人用户群，并提供外卖业务，同时辅助以广告业务、专送服务和供应链进货服务，而盈利模式也十分相似，均采用了竞价排名、增值收费、广告费用等方式收费，也就是说两家平台企业的数据资源类型是相似的，都是餐饮的商户资源；（2）虽然两家平台的数据资源类型是相似的，但是随着恶性竞争逐渐趋于理性，美团外卖开始逐渐放弃校园周边的餐馆转而面向白领和家庭的中高端餐馆，而饿了么的业务更多地集中在了校园周边的小餐馆，放弃了中高端的餐饮。这样饿了么与美团外卖在地推之间的恶性竞争与摩擦得到了缓解，而两家平台企业更是各自推出了供应链前端服务，为各自平台的盈利端商户提供送菜服务。在携程网与去哪儿网的案例中，两家互联网平台企业间在数据资源的应用倾向表现为：（1）携程网和去哪儿网的主要业务板块非常相似，均为机票、车票、酒店、跟团游、自由行、租车、景点门票等与旅游相关的几乎全部业务，盈利模式上有一些差异，携程网采取的是与机票、酒店的直销模式并从中收取一定佣金，去哪儿网采取的是与代理商合作的分销模式并以CPC（每点击一次收费）和CPS（按销售付费）方式从中收取一定费用。但是最终两家企业都是要通过机票、酒店取得产品，因此两家平台的数据资源是相似的；（2）在携程网和去哪儿网合并之后，两家企业在酒店和度假产品等领域进行了合作，并且逐渐形成了一定的差异优势，其中携程网从白领和商务人员入手对高端酒店的数据资源进行了拓展，而去哪儿网则更关注价格相对低廉的中低端酒店产品的数据资源。

美团外卖与饿了么、携程网与去哪儿网这两对企业的在相同的数据资源即全产业领域范围内进行布局（陈威如 等，2013），而针对不同目标市场数据资源进行分开经营的应用倾向即为横向差异化。美团外卖与饿了么以及携程网和去哪儿网分别都是互联网外卖垂直领域和旅游垂直领域内数一数二的平台，可以说市场占有率相差无几，在市场上实力相当，在数据资源掌控上的相对地位相当，它们不愿选择放弃任何一类单归属的数据资源,因为这意味着利润的丧失。因此为了避免恶性竞争而浪费资源,同时仍能够保持各自的竞争优势,它们会更偏向于在全垂直领域上进行横向的布局从而形成差异化的经营。由此,本书提出以下命题。

命题11:处于适应型和对抗型竞合战略状态下的互联网平台企业在数据资源的应用倾向为横向差异化。

编码与数据举例详见表7.3。

表7.3 编码与数据举例(3)

主范畴	二阶范畴	一阶概念	数据引录
数据资源的应用倾向	横向差异化	资源类型趋于相同	A4-1-1:"对于我们来说,哪家平台都是一样的,所以我们会选择用着更合拍和合适的平台……之前我们都是两家平台一起用的。" C4-1-1:两家企业在机票、酒店等业务上拿到的资源其实没有什么大的差别,因为从供应商的角度看,只是一样的产品放在不一样的平台上而已
		资源内容不同	A4-2-1:饿了么主要面对校园市场,平台上都是价格相对"低廉"的饭店,而美团外卖则更偏向中高端的白领市场。 C4-2-1:去哪儿网与携程网合并后,酒店价格战的消耗减弱,与携程网分别分工拓展二三线中低端酒店和高端酒店市场
竞合战略状态	对抗型	合作程度低	A3-1-1:王慧文曾找过张旭豪谈投资和收购,却被张旭豪拒绝
		竞争程度高	A3-4-1:饿了么联合创始人康嘉告诉《博客天下》:"我和CEO张旭豪直接参与了大概有五六座城市的争夺战。" A3-4-2:为了遏制美团外卖抢夺用户的竞争,饿了么也使用了很多方法,比如说有的店铺在两个平台用不同的名字一起挂在平台上,饿了么就天天查这些店铺,逼店铺老板卸载美团外卖的APP。当时每个员工手里都有30个与美团外卖合作店铺的指标,这些员工的目标就是从美团外卖中把它们抢过来

续表

主范畴	二阶范畴	一阶概念	数据引录
竞合战略状态	对抗型	竞争程度高 相对地位相当	A3-5-1：美团外卖与饿了么两家互联网平台企业相比较，竞争手法各有特色，并不相同，美团外卖是凭借美团网总公司的强大实力选择孤军奋战，而饿了么则是善于联合各个大型企业与自己共同奋战，两家企业各有千秋
		相互依赖低	A3-3-1：虽说饿了么在高校市场的竞争中占得先机，但美团外卖不甘示弱奋起直追。当竞争愈发激烈之后，本来漠然的"老死不相往来"竟逐渐演变成为"狭路相逢勇者胜"
	适应型	合作程度高	C3-1-1：两家平台企业目前已经在相关的度假产品上达成了合作的一致意向，携程网上的旅游度假产品未来将会全部接入去哪儿网的度假频道之中，但对于机票和酒店的相关产品的合作事宜目前仍在谈判，尚未达成一致
		竞争程度高	C3-4-1：携程网和去哪儿网在过去的几年中，为了抢夺用户流量一直在进行激烈的价格战…… D3-4-2：携程网在这几年积累了优质的技术平台和服务优势……在机票预订方面，携程网和去哪儿网一直是竞争对手的关系
		相对地位相当	C3-5-1：携程网虽然在酒店、机票等方面掌握着强大的数据资源，但携程网也意识到了自己移动端的薄弱，因此想到了移动端数据强大的去哪儿网
		相互依赖度高	C3-3-1：去哪儿网的创始人庄辰超在其内部信中指出，虽然携程网即将成为去哪儿网的最大机构股东，但是并非控股股东。这也为此次的合并考虑到了以后两家企业可能涉及的同业竞争问题

7.2.2 纵向深耕

在58同城与百姓网的案例中，两家互联网平台企业间在数据资源的挖掘与应用倾向的实践表现为：（1）58同城与百姓网在业务板块相似，均为房屋租售、餐饮娱乐、招聘求职、二手买卖、汽车租售、宠物票务、旅游交友等多种生活信息服务，虽然两家平台企业一直都在这些领域进行全面的布局，但以B2C模式为主的58同城和以C2C模式为主的百姓网在数据资源的类型上有着很大的不同，58同城为企业付费用户，而百姓网则为个人付费用户；（2）58同城与百姓网虽然都是在全国范围内开通生活信息服务平台，但是58同城更多地面向一二线城市对平台业务进行深耕细作，而百姓网则因C2C轻模式的固有销售弱势和低成本因素，仅围绕上海本地区及58同城不涉及的三四线城市，更多地针对蓝领业务进行数据资源的深度获取和挖掘。在58同城与赶集网的案例中，两家互联网平台企业间在数据资源的挖掘与应用倾向的实践表现为：（1）58同城与赶集网在业务板块和盈利模式上都相差无几，均是提供房屋租售、餐饮娱乐、招聘求职、二手买卖、汽车租售、宠物票务、旅游交友等服务，并从中收取广告收入、用户增值服务费、商家VIP付费和联合推广等费用，在两家互联网平台企业合并之后，58同城更侧重于58到家、房产和汽车业务的数据资源挖掘，而赶集则集中于二手车即二手房业务的数据资源挖掘；（2）为了对不同数据资源进行深入的挖掘以产生更多的数据价值，赶集网原CEO杨浩涌将"赶集好车"从赶集网的平台中分拆成立了"瓜子二手车"，并在原有数据资源的基础上进行深入挖掘，开辟了保险、评估等汽车后市场业务，而58同城则在原有数据资源的基础上对58到家进行了深耕细作，例如对聘请的保洁阿姨进行系统培训，保障阿姨的收入和用户的满意度等。

58同城与赶集网、58同城与百姓网这两对互联网平台企业之间在不同类型的数据资源上进行分别深度挖掘，不断巩固和夯实自身独特优势，这种主攻某个特定目标市场、某产品链的一个细分区段或某一个地区市场的数据资源应用倾向即为纵向深耕。58同城与赶集网在合并之后即采取了"你进我退"的策略，58同城的CEO姚劲波控制整体的58赶集集团，而赶集网的原CEO杨浩涌则负责分拆的瓜子二手车，并在一定程度上参与58赶集的整体决策；而58同城与百姓网在2015年分别实现营收7.15亿元与1.46亿元，在市场上的占有率也相差较大，可以说相对地位也有一定差距。拥有的数据资源上的相对地位的差距使得弱势企业为了保有自己的竞争优势而出让一部分类型的数据资源换取另一部分自己擅长的多归属性数据资源，而强势企业为了进一步巩固并提升企业的竞争优势而获取更多价值较高的数据资源并出让另一部分类型的多归属性数据资源，从而促使两家互联网平台企业分别针对不同类型的数据资源进行垂直深挖细作并创造更多价值，提升用户黏性和平台壁垒。因此，58同城与赶集网、58同城与百姓网这两对互联网平台企业间为了形成自身的独特优势，提高平台的用户黏性，并分别形成平台在行业中的优势地位而倾向于在现有资源的基础上进一步挖掘数据资源从而带来更多价值，因此两家互联网平台企业会倾向于深耕的数据资源应用倾向。由此，本书提出以下命题。

命题12：处于伙伴型和孤立型竞合战略状态下的互联网平台企业的数据资源应用倾向为纵向深耕。

编码与数据举例详见表7.4。

表7.4　编码与数据举例（4）

主范畴	二阶范畴	一阶概念	数据引录
数据资源的应用倾向	纵向深耕	资源类型趋于不同	B4-1-1：合并之后，58同城将更专注自己擅长的一块58到家的业务，同时也更侧重于企业会员层面的房产与汽车的租赁与买卖业务；而赶集网则更专注于二手车与个人房产市场，于是两家平台企业的服务板块开始各有侧重。 D4-1-1：而对与58赶集无法避免的竞争，王建硕表示百姓网会坚持C2C模式，形成自己的独特优势

续表

主范畴	二阶范畴	一阶概念	数据引录
数据资源的应用倾向	纵向深耕	深度资源挖掘	B4-2-1：杨浩涌回应姚劲波称，"老姚会在到家上会花更多精力，我也会在新业务上投入精力……二者舍弃重复领域的业务，集中人力、财力等资源深耕O2O领域，从而对于整个上下游的把控力加大。" D4-2-2：百姓网将自己平台的现有资源不断深挖，将各个业务拓展到了三到六线城市
竞合战略状态	孤立型	合作程度低	D3-1-1：58同城和赶集网合并之后，两家公司的创始人曾被问及是否会接纳百姓网。赶集创始人杨浩涌回答"没必要"，姚劲波则称"这个行业没有第三名"
	孤立型	竞争程度低	D3-4-1：2011年赶集网与58同城在全国各地的媒体上进行了疯狂的广告大战，对于这场战争，王建硕非常犹豫，他觉得这种方式并不是具有持续性的，所以，经过深思熟虑的考量之后，王建硕决定不跟进这场激烈的广告战。有人说过，58同城和赶集网在北京的市场打得凶猛，而百姓网在上海却活得格外逍遥和清净。很多信息服务领域的互联网平台企业在那场大战中纷纷"站队"，竞争气氛也异常紧张，但是百姓网却能够保持在乱世中活得超脱
	孤立型	相互依赖度低	D3-3-1：对于58同城和赶集网之间那场激烈的大战，以及后来58同城和赶集网的合并这些事，百姓网都不曾关心
		相对地位有差距	D3-5-1：58同城与百姓网在2015年分别实现营收7.15亿元与1.46亿元，具有一定的差距，并且58同城已经掌控了各大城市的主动权，百姓网只好走"农村包围城市"的路线

续表

主范畴	二阶范畴	一阶概念	数据引录
竞合战略状态	伙伴型	合作程度高	B3-1-3：58同城与赶集网合并之后会组建新的58赶集有限公司，但在平台运行上是各自独立的，姚劲波和杨浩涌会联合出任CEO，并一起向董事会汇报
		相互依赖高	B3-3-2：在合并7个月之后，58赶集集团还是如同业界预计一样迎来了"你退我进"的局面：杨浩涌辞去了58赶集公司的联席CEO职位，并且退出了集团公司的管理岗位，58赶集的全部重担交给了姚劲波，而杨浩涌则自己出资创建"瓜子二手车"平台，同时58赶集也拥有46%的瓜子二手车的股份
		竞争程度低	B3-4-2：从58赶集中分拆出的瓜子二手车平台是58赶集集团孵化的重要创新业务，因此58赶集集团会对其进行持续的支持，包括用户流量和人才方面的资源支持
		相对地位有差距	B3-5-1：卸任CEO之后杨浩涌……为瓜子二手车掏钱融资，个人出资6 000万美元。从双方的公告上看，即使是独立的瓜子二手车也与58赶集集团有着不可分割的关系：58赶集将持有46%的股份，并还将集团的资源注入其中

7.3 互联网平台企业的竞合行为

7.3.1 对抗型战略的竞合行为

处于对抗型竞合战略状态下的美团外卖与饿了么对彼此的数据资源依赖度很低，并不需要依赖竞争对手的资源实现生存和发展，由于两家平台企业均拥有异质性数据资源而不愿意分享，害怕失去自身独特的竞争优势而不愿意分享数据资源，彼此在可以主观排他的单归属数据资源上有着很多纷争和冲突，因此美团外卖与饿了么选择了保护的数据资源配置倾向；而两家互联网平台企业的数据资源的异质性和单归属意味着它们具有获取利润的独特优势的同时也具备一定的用户黏性，同时美团外卖与饿了么作为互联网外卖行业内数一数二的平台，可以说市场占有率相差无几，在市场上的相对地位实力相当，因此两家互联网平台企业为避免恶性竞争同时保持全产业领域的持续竞争优势而选择在现有数据资源的基础上进一步形成差异化的经营，它们倾向于横向差异化的数据资源应用倾向。具体而言，处于对抗状态下的美团外卖与饿了么的竞合行为表现为：（1）美团外卖与饿了么在其盈利端即补贴端均逐渐对各自的不同目标市场有了清晰的定位，其中美团外卖更侧重于中高端餐厅并给它们提供专送服务，从而获取更多的中高端餐厅和白领的数据资源，而饿了么则盘踞在校园周边定位于消费较低的学生群体和中低端餐厅并获取更多数据资源，两家平台企业对各自的目标市场数据资源不断进行分析挖掘，从提升送餐速度、保障原材料质量等方面不断加深用户体验，提高用户黏性；（2）除了在定位目标市场牢牢抓住自身拥有的数据资源外，美团外卖和饿了么一直都在防止彼此抢夺自身数据资源的基础上，试图将对手的数据资源"撬"到自己的平台上，由此向商户签订独家协议的同时也会和与竞争对手合作的商家不断沟通。

美团外卖与饿了么在彼此并不进行数据资源交流的基础上，对全产业领域的数据资源进行挖掘，在一定程度上划分出界限并分别针对不同的目标市场客户进行经营，从而形成各自的差异化优势的竞合行为即为边界差异。一般来说，边界差异竞合行为是通过正式或非正式协议实施的，两家互联网平台企业会在各自目标市场的数据资源进行经营，而这种目标市场的边界可能会因两家企业间的非正式协议而产生变化，例如美团外卖与饿了么一直在各自目标市场的边界上试图保护自己的数据资源并抢夺对手的

第7章 互联网平台企业的竞合行为研究

数据资源。由此，本书提出以下命题。

命题13：处于对抗型竞合战略状态的互联网平台企业间会倾向于实施边界差异的竞合行为。

编码与数据举例详见表7.5。

表7.5 编码与数据举例（5）

主范畴	二阶范畴	一阶概念	数据引录
竞合战略状态	对抗型	合作程度低	A3-1-1：王慧文曾找过张旭豪谈投资和收购，却被张旭豪拒绝
		竞争程度高	A3-4-1：饿了么联合创始人康嘉告诉《博客天下》："我和CEO张旭豪直接参与了大概有五六座城市的争夺战。" A3-4-2：为了遏制美团外卖抢夺用户的竞争，饿了么也使用了很多方法，比如说有的店铺在两个平台用不同的名字一起挂在平台上，饿了么就天天查这些店铺，逼店铺老板卸载美团外卖的APP。当时每个员工手里都有30个与美团外卖合作店铺的指标，这些员工的目标就是从美团外卖中把它们抢过来
		相对地位相当	A3-5-1：美团外卖与饿了么两家互联网平台企业相比较，竞争手法各有特色，并不相同，美团外卖是凭借美团网总公司的强大实力选择孤军奋战，而饿了么则是善于联合各个大型企业与自己共同奋战，两家企业各有千秋
		相互依赖低	A3-3-1：虽说饿了么在高校市场的竞争中占得先机，但美团外卖不甘示弱，奋起直追。当竞争愈发激烈之后，本来漠然的"老死不相往来"竟逐渐演变成为"狭路相逢勇者胜"
竞合行为	边界差异	目标市场边界划分	A5-1-1：随着恶性竞争的平息，互联网外卖行业之间的竞争也加速进入"下半场"了，即平台企业比拼的再不是补贴与价格，而是深耕细作了。 A5-1-2：美团外卖的优势就是依靠之前团购打下的良好基础迅速向饿了么没有覆盖的二线和三线城市布局。 A5-1-3：美团外卖逐渐开始倾向于中高端餐厅并给它们提供专送服务，而饿了么则盘踞在校园周边定位于消费较低的学生群体和中低端餐厅

131

7.3.2 伙伴型战略的竞合行为

处于伙伴型竞合战略状态下的58同城与赶集网对彼此的数据资源依赖度很高，且数据资源的交易和交换十分频繁，同时同质的数据资源无法给企业带来独特的竞争优势，但海量同质数据资源的融合能够有效降低数据资源的价值稀疏性而实现数据价值效应的加成，因此58同城与赶集网希望融合彼此的数据资源来实现价值加成从而选择分享的数据资源配置倾向；而两家互联网平台企业多归属特征的数据资源意味着用户黏性的缺乏，同时58同城与赶集网的"你进我退"行为而形成了两家企业在市场的相对地位差距，两家企业选择在不同类型的数据资源上进行深度挖掘而带来更多价值，并且也因此能够形成两家平台企业的独特竞争优势，因此两家互联网平台企业倾向于深耕的数据资源应用倾向。具体而言，处于伙伴型战略的58同城与赶集网的竞合行为表现为：（1）58同城与赶集网在合并后，两家互联网平台企业对彼此在全产业领域数据的资源进行了充分分享后，将不同类型的数据资源进行了分别挖掘和深耕，其中58同城更侧重于58到家、房产和汽车业务的数据资源挖掘，而赶集网则集中于二手车即二手房业务的数据资源挖掘，在进一步深耕细作后，58同城提高了58到家产品的服务质量和服务范围，分拆的瓜子二手车平台则进一步推出了汽车后市场业务，两家平台企业分别对不同类型的数据资源进行了深度挖掘并提高了整体价值，从而形成了互补的竞争优势；（2）58同城与赶集网除了摒弃重复业务，对涉及不同产品领域的数据资源进行深耕外，对于重复的业务两家企业选择针对不同用户群体的数据资源进行了深耕互补，其中58同城关注与企业商户对接的B2C模式汽车与房产业务，而赶集网则聚焦与个人用户对接的C2C二手车和二手房产业务，从而形成互补优势。

58同城与赶集网在进行数据资源的充分共享和交流的基础上对涉及不同领域和不同目标市场的各类型数据资源进行深耕细作，以此来共同提高两家互联网平台企业数据资源的独特优势和价值加成，并形成具有企业间的互补优势的竞合行为，即互补深耕。一般来说，这种竞合行为可以分为主攻某一产品领域的细分市场的数据资源和某一特定的目标市场的数据资源两种深耕方式，互联网平台企业通过互补深耕可以带来各类型数据资源的持续独特竞争优势、提高用户黏性并形成伙伴关系平台企业间的互补优势。因此，本书提出以下命题。

命题14：处于伙伴型竞合战略状态的互联网平台企业间会倾向于实施互补深耕的竞合行为。

编码与数据举例详见表7.6。

表7.6 编码与数据举例（6）

主范畴	二阶范畴	一阶概念	数据引录
竞合战略状态	伙伴型	合作程度高	B3-1-3：58同城与赶集网合并之后会组建新的58赶集有限公司，但在平台运行上是各自独立的，姚劲波和杨浩涌会联合出任CEO，并一起向董事会汇报
		相互依赖高	B3-3-2：在合并7个月之后，58赶集集团还是如同业界预计一样迎来了"你退我进"的局面：杨浩涌辞去了58赶集公司的联席CEO职位，并且退出了集团公司的管理岗位，58赶集的全部重担交给了姚劲波，而杨浩涌则自己出资创建"瓜子二手车"平台，同时58赶集也拥有瓜子二手车46%的股份
		竞争程度低	B3-4-2：从58赶集中分拆出的瓜子二手车平台是58赶集集团孵化的重要创新业务，因此58赶集集团会对其进行持续的支持，包括用户流量和人才方面的资源支持
		相对地位有差距	B3-5-1：卸任CEO之后杨浩涌……为瓜子二手车掏钱融资，个人出资6 000万美元 从双方的公告上看，即使是独立的瓜子二手车也与58赶集集团有着不可分割的关系：58赶集将持有46%的股份，并还将集团的资源注入其中

续表

主范畴	二阶范畴	一阶概念	数据引录
竞合行为	深耕互补	产品互补深耕	B5-1-1:"在新公司的业务层面,杨浩涌说和姚劲波将负责不同的板块,以便将我们各自的优势发挥到极致。" B5-1-2:58同城将更专注自己擅长的一块58到家的业务,同时也更侧重于企业会员层面的房产与汽车的租赁与买卖业务;而赶集网则更专注于二手车与个人房产市场,于是两家平台企业的服务板块开始各有侧重
		目标市场互补深耕	B5-2-1:"在大多数领域我们已经开始按板块分,然后各有侧重了。但是也有一些重复板块,比如房产、车产领域,但是我们也基本按不同市场划分开了,比如58同城做的是对接企业的,赶集网侧重C2C的……"

注:作者采访资料。

7.3.3 孤立型战略的竞合行为

处于孤立型竞合战略状态下的58同城与百姓网对彼此的数据资源依赖度较低,并不需要依赖竞争对手的资源实现企业生存与发展,而异质性数据资源的融合本身具有结构、内容上的障碍和难度,会提高两家互联网平台企业的成本,同时两家平台企业也不愿意将异质资源进行共享而失去企业的独特优势,因此58同城与百姓网选择了保护的数据资源配置倾向;而两家互联网平台企业多归属特征的数据资源意味着用户黏性的缺乏,同时58同城与百姓网在市场份额和营业收入等方面均体现了两家企业在市场上的相对地位有一定差距,两家企业选择在不同类型的数据资源上进行深度挖掘而带来更多价值,百姓网也可以因此在弱势地位上构筑某一种数据资源的壁垒,因此两家互联网平台企业倾向于深耕的数据资源应用倾向。具体而言,处于孤立型战略的58同城与百姓网的竞合行为表现为:(1)在58同城与赶集网进行合并时,百姓网也提出了合作意愿从而进行数据资源的分享和交换,但是58同城并没有同意,而后58同城与百姓网在商业模式上差异越来越大,58同城加重了B2C的模式并不断加深对58到家产品等数据资源的挖掘，一直坚持C2C轻模式的百姓网也不断形成自身的独特优势，在蓝领市场等产品领域的数据资源进行深度挖掘，不断提高各自在不同产品领域的数据资源的专业化壁垒；（2）58同城对一二线城市的客户群数据资源不断进行挖掘和创新，而对于百姓网盘踞的上海遵循"强龙不压地头蛇"的原则并不付出过多的精力，而百姓网则除了对上海地区的业务数据进行深耕细作外，为了避开58同城在一二线城市的优势，百姓网选择在三到六线城市进行用户数据资源的深挖。

58同城与百姓网彼此并不进行数据资源交流，并且在不同领域的数据资源上进行深耕细作，以此来构筑并提高企业数据资源的专业化壁垒的竞合行为即为专业深耕，一般来说，这种竞合行为可以分为主攻某一产品领域的细分市场的数据资源和某一特定的目标市场的数据资源两种深耕方式，互联网平台企业通过专业深耕可以提高用户黏性、带来持久的异质性数据资源而形成持续的独特竞争优势。因此，本书提出以下命题。

命题15：处于孤立型竞合战略状态的互联网平台企业间会倾向于实施专业深耕的竞合行为。

编码与数据举例详见表7.7。

表7.7 编码与数据举例（7）

主范畴	二阶范畴	一阶概念	数据引录
竞合战略状态	孤立型	合作程度低	D3-1-1：58同城和赶集网合并之后，两家公司的创始人曾被问及是否会接纳百姓网。赶集创始人杨浩涌回答"没必要"，姚劲波则称"这个行业没有第三名"
		竞争程度低	D3-4-1：2011年赶集网与58同城在全国各地的媒体上进行了疯狂的广告大战，对于这场战争，王建硕非常犹豫，他觉得这种方式并不是具有持续性的，所以，经过深思熟虑的考量之后，王建硕决定不跟进这场激烈的广告战。有人说过，58同城和赶集网在北京的市场打得凶猛，而百姓网在上海却活得格外逍遥和清净。很多信息服务领域的互联网平台企业在那场大战中纷纷"站队"，竞争气氛也异常紧张，但是百姓网却能够保持在乱世中活得超脱

续表

主范畴	二阶范畴	一阶概念	数据引录
竞合战略状态	孤立型	相互依赖度低	D3-3-1：对于58同城和赶集网之间那场激烈的大战，以及后来58同城和赶集网的合并这些事，百姓网都不曾关心，而且它也不追赶时髦，在"双创"的时代背景中，很多竞争对手都纷纷开始开展新业务，但是百姓网依然不为所动
		相对地位有差距	D3-5-1：58同城与百姓网在2015年分别实现营业收入7.15亿元与1.46亿元，具有一定的差距，并且58同城已经掌控了各大城市的主动权，百姓网只好走"农村包围城市"的路线
竞合行为	专业深耕	产品专业化深耕	D5-1-1：百姓网在C2C模式上不断精深细作，拉着用户来为自己扩大规模……不断形成独特优势。 D5-1-2：与58同城和赶集网主要依靠企业会员付费作为盈利来源不同，百姓网并不会收取什么会员费用，而是向个人用户收取增值费。 D5-1-3：与58赶集无法避免的竞争，王建硕表示，百姓网会坚持C2C模式，形成自己的独特优势
		目标市场专业化深耕	D5-2-1：百姓网的C2C模式与58赶集不同，这种模式具有更好的扩张性，因此百姓网即使不设立分站办事处，也可以很快进入到国内的三四线城市。 D5-2-2："不单单是在一二线城市，更重要的是在三到四线甚至五到六线的地区。"王建硕表示。 D5-2-3：百姓网将自己平台的现有资源不断深挖，将各个业务拓展到了三到六线城市

7.3.4 适应型战略的竞合行为

一方面，处于适应型竞合战略状态下的携程网和去哪儿网对彼此的数据资源依赖度较高，需要依赖竞争对手的资源实现生存和发展，由于拥有的同质数据资源并没有让两家平台企业形成自身的独特竞争优势，携程网和去哪儿网会愿意通过同质资源的融合实现数据价值的效应加成，因此携程网与去哪儿网会选择对自身的数据资源进行共享。另一方面，携程网和去哪儿网作为在线旅游行业内数一数二的平台，在市场上的相对地位实力相当，为了避免恶性竞争同时还能够保持企业在全垂直领域的竞争优势，两家互联网平台企业会选择在全领域进行布局从而形成差异化的经营。具体而言，处于适应型竞合战略下的携程网和去哪儿网的竞合行为表现为：（1）携程网与去哪儿网在合并后，对酒店和度假产品的数据资源进行了充分的共享，并通过将自己的产品挂到对方的相应频道进行销售的方式将数据资源进行相互导流，同时在酒店和度假产品领域的数据资源上进行了清晰的划分经营，通过正式协议携程网承担了高端酒店和度假产品领域数据资源的拓展和经营，去哪儿网则更侧重于中低端酒店和度假产品领域的数据资源；（2）在机票领域，两家互联网平台企业虽然进行了数据资源的共享，但是依然保持着携程网走直销、去哪儿网走代理商的路线，于是两家互联网平台企业依然"心照不宣"地实现了差异化经营，携程网专注于机票直销模式并服务于对价格并不敏感而更图方便的白领和商务人士，去哪儿网则专注于机票分销模式并服务于对价格较为敏感的中低端消费者。

携程网和去哪儿网在涉及全产业领域的数据资源挖掘的基础上，在一定程度上通过正式或非正式的协议对领域内的目标市场进行界限的划分，通过共享数据资源从而形成差异化优势的这种竞合行为即为协同差异。由此，本书提出以下命题。

命题16：处于适应型竞合战略状态的互联网平台企业间会倾向于实施协同差异竞合行为。

编码与数据举例详见表7.8。

表7.8　编码与数据举例（8）

主范畴	二阶范畴	一阶概念	数据引录
竞合战略状态	适应型	合作程度高	C3-1-1：两家平台企业目前已经在相关的度假产品上达成了合作的一致意向，携程网上的旅游度假产品未来将会全部接入去哪儿网的度假频道之中，但对于机票和酒店的相关产品的合作事宜目前仍在谈判，尚未达成一致

续表

主范畴	二阶范畴	一阶概念	数据引录
竞合战略状态	适应型	竞争程度高	C3-4-1：携程网和去哪儿网在过去的几年中，为了抢夺用户流量一直在进行激烈的价格战…… D3-4-2：携程网在这几年积累了优质的技术平台和服务优势……在机票预订方面，携程网和去哪儿网一直是竞争对手的关系
		相对地位相当	C3-5-1：携程网虽然在酒店、机票等方面掌握着强大的数据资源，但携程网也意识到了自己移动端的薄弱，因此想到了移动端数据强大的去哪儿网
		相互依赖度高	C3-3-1：去哪儿网的创始人庄辰超在其内部信中指出，虽然携程网即将成为去哪儿网的最大机构股东，但是并非控股股东。这也为此次的合并考虑到了以后两家企业可能涉及的同业竞争问题
竞合行为	协同差异	目标市场差异化协同	C5-1-1：分别占携程网总营业收入近四成的酒店和机票业务，并不在此次双方的合作范围之内。 C5-1-2：在机票业务上，去哪儿网任命了机票事业部的新CEO，技术入股筹建一家航空公司，携程网则表示侧重国际机票业务。在酒店方面，去哪儿网的高星酒店业务划给了携程网，自己凭借强大的线下推广能力，继续侧重二三线城市及中低星酒店。 C5-1-3：去哪儿网与携程网合并后，酒店价格战的消耗减弱，与携程网分别分工拓展二三线中低端酒店和高端酒店市场。 C5-1-4：移交高星级业务是整合的重要一步。根据携程网CEO梁建章的计划，整合完成后，携程网将侧重一线城市中高端的客户，去哪儿网侧重二三线城市对价格更敏感的年轻人群

7.4 本章小结

本章为本书的主体部分，重点聚焦于处于不同类型的竞合关系状态的互联网平台企业的竞合策略行为的决策与实施问题。

首先，本章探讨了不同类型竞合战略状态下互联网平台企业对数据资源的配置倾向。本章认为，不同竞合战略下的企业之间由于其数据资源的相似性和对彼此相互依赖性的不同，带来了企业间的数据资源配置倾向的不同。其中，伙伴型和适应型战略的互联网平台企业之间会倾向于数据资源的分享；孤立型和对抗型战略的互联网平台企业之间会倾向于数据资源的保护。

其次，本章探讨了不同竞合战略状态下互联网平台企业对数据资源的应用倾向。本章认为，不同竞合战略的企业之间由于其数据资源的归属性和彼此在数据资源上的相对地位差距，带来了企业间数据资源应用倾向的不同。其中，对抗型和适应型战略的互联网平台企业会在数据资源的应用倾向上选择横向的差异化；而伙伴型和孤立型战略的互联网平台企业倾向于纵向深耕。

最后，本章结合互联网平台企业对数据资源的配置倾向和应用倾向，探讨了不同竞合战略状态下的竞合行为决策。本章认为，处于孤立型竞合战略状态的互联网平台企业间会倾向于专业深耕的竞合行为；处于对抗型竞合战略状态的互联网平台企业间会倾向于边界差异的竞合行为；处于伙伴型竞合战略状态的互联网平台企业间会倾向于互补深耕的竞合行为；处于适应型竞合战略状态的互联网平台企业间会倾向于协同差异的竞合行为。

第8章　结论与展望

基于资源观视角和供应链视角的竞合理论认为，企业一般会在异质性资源上进行合作，而在同质性资源上进行竞争；会在供应链上远离消费者的一端进行合作，而在靠近消费者的一端进行竞争。随着互联网热潮的到来，大量互联网平台企业的合并案在商业实践中出现了与传统理论相悖的行为，因而受到了大量理论界和实践界的广泛关注。但是目前大部分关于互联网平台企业的研究都仅仅体现在实践层面，很少从理论上寻求互联网平台企业间竞合战略的本质和机理。本书针对4对不同竞合战略类型的互联网平台企业进行了横向与纵向的跨案例比较和分析，结合互联网平台企业的运行机制与模式特点，归纳出数据资源属性和竞合战略选择之间的逻辑关系，本书的研究试图回答以下几个问题：（1）以平台模式为核心的互联网平台企业，其数据资源的哪些属性对其竞合战略选择有影响？（2）这些属性是如何影响互联网平台企业的竞合战略选择的？（3）在不同的竞合战略选择中，互联网平台企业会有哪些具体的竞合策略和行为？

8.1　结果讨论与整体模型框架

8.1.1　互联网平台企业竞合战略选择的模型框架

研究发现，与传统企业的单边市场不同，互联网平台企业面对的双边市场两端都是平台的消费者。传统企业一般处于供应链上下游的中间位置，由上游供应商提供资源并加以利用后形成企业的产品售卖给下游的消费者；互联网平台企业却由于其双边市场特性打破了原有供应链的直线型供应关系，形成了以消费者为中心，以平台为载体的网络型供应关系，很多大众消费者成了免费或被补贴的一方，而很多供应商却成了付费的一方。其实，互联网平台企业对双边用户会有一定的界定，即给一端的用户提供补贴或免费服务，然后从另一端的用户中获取收益，我们将这两端的用户分别称为"盈利端"和"补贴端"。而与购物中心、俱乐部等一般的平台企业有所区别，互联网平台企业不生产产品和服务，而是通过两端用户的浏览、搜索、点击或发布消息来匹配彼此的需求，数据的流动、分析和精准推广成了它们的核心竞争力，数据资源作为核心资源，其作用甚至超过了传统的人力、财力和物力等实体资源。我们在案例分析和文献梳理的过程中发现，并不是某一端的数据资源属性，而是互联网平台企业两端的数据资源属性同时对竞合战略选择有着关键的影响作用（模型如图8.1所示），即盈利端数据资源的相似性和补贴端数据资源的归属性是共同影响互联网平台企业竞合战略选择的关键因素。两端数据资源属性共同起到关键作用主要是因为互联网平台企业的双边市场特征——跨边网络外部性，对于平台企业而言，仅讨好、服务一边用户而获得资源是远远不够的，因为一边用户的规模和资源的多少往往取决于另外一边用户的规模和资源，因此互联网平台企业在考虑竞合战略的选择时，需要将双边的数据资源属性都考虑到其中。

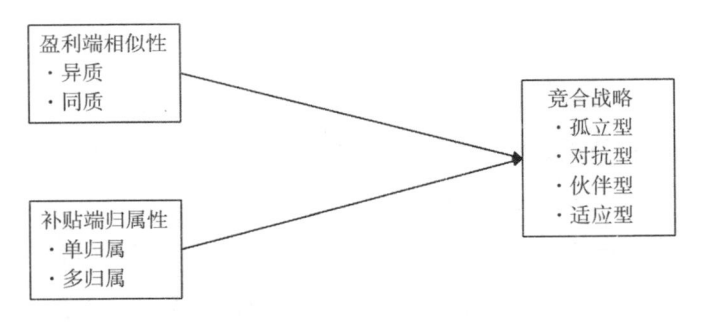

图8.1　互联网平台企业竞合战略选择机理研究模型

1. 盈利端数据资源的相似性对互联网平台企业竞合战略选择的影响

盈利端影响竞合战略选择的数据资源属性是相似性，因为盈利端用户是服务和产品的提供方，它们将服务和产品的数据提供给平台以吸引补贴端用户的入驻和数据资源的流入，平台通过商业模式策划、运行规则制定等方式掌握了异质的盈利端数据才能拥有独特性以吸引补贴端用户并提高平台盈利的独特优势。研究发现，盈利端数据资源的属性与传统资源观相悖，互联网平台企业在盈利端数据资源同质时倾向于合作，在数据资源异质时倾向于不合作。这主要是由于数据资源的共享性、价值稀疏性与传统资源属性的区别带来的差异，盈利端数据资源的异质代表它们各自的盈利端资源有着一定的独特性，平台企业不愿分享自己独特的数据资源而失去竞争优势，同时异质的数据资源并不能够让平台企业降低价值稀疏性而带来价值的加成效应，因此它们在盈利端异质的数据资源上会降低合作的意愿；当两家企业的盈利端数据资源是同质的，它们的数据资源都不具备过多的独特性，利用补贴战、价格战、广告战等竞争行为无法真正实现用户规模和黏性的增长，而且对盈利端的补贴反而会削弱企业在盈利端的收益，不利于平台企业发展。同时，数据资源的价值稀疏性特征意味着大量数据资源聚到一起更能够促进价值的爆发式增加，因此，互联网平台企业会在盈利端数据资源同质的情况下更倾向于高合作。

2. 补贴端数据资源的归属性对互联网平台企业竞合战略选择的影响

在对被补贴端数据资源属性进行案例分析和文献挖掘时，我们发现，对于平台而言，补贴端的数据资源是否异质并不重要，平台更看重的是补贴端数据资源的规模给它们带来的盈利端收益，然而不同垂直领域的互联网平台企业的补贴端数据资源具有不同的归属性，例如58同城所在的信息分类领域的被补贴端数据资源是多归属的，用户可以就自己的需求同时在多个分类信息平台上进行浏览、点击和信息发布，即用户的同一数据资源是可以同时流向多个平台的，这种多归属性体现了数据资源的共享性，企业无法从主观意愿上对数据资源进行排他，同时这种共享对于竞争对手来说是不具有冲突的，即使两家平台企业的补贴端数据资源完全相同，也不影响它们在盈利端的收益，因此企业会在多归属的补贴端数据资源上更倾向于低竞争；而对于有些垂直领域的互联网平台企业，当它们的补贴端数据资源呈现单归属时，意味着用户在就一项需求同一时间只能选择一个平台进行交易，数据资源也只能同时流向单一平台，此时互联网平台企业间必然会从主观上对这种数据资源进行排他并展开竞争。

综上所示，本书通过对互联网平台企业两端数据资源属性的研究得出以下结论模型（如图8.2所示）。

	单归属	多归属
异质	对抗型 美团外卖 vs 饿了么	孤立型 58同城 vs 百姓网
同质	适应型 携程网 vs 去哪儿网	伙伴型 58同城 vs 赶集网

纵轴：盈利端相似性　横轴：补贴端归属性

图8.2　互联网平台企业竞合战略选择模型

8.1.2　互联网平台企业竞合行为的模型框架

根据竞合理论，竞合行为决策是企业在竞合战略选择下对该战略状态的回应（Luo，2008），企业在确定了与竞争对手之间的竞合战略选择后，会在该竞合战略状态对具体实施的竞合行为进行决策。本书从互联网平台企业的核心资源——数据资源的视角入手，利用案例研究和扎根编码的方法对互联网平台企业间的竞合行为决策与实施进行了探索和研究，提出了8个研究命题。案例研究和扎根编码的分析结果表明，处于不同竞合战略状态下的互联网平台企业间会基于数据资源的配置倾向与应用倾向而采取不同的竞合行为。一般来说，互联网平台企业间会根据彼此在数据资源的相对地位而考虑从横向的全产业领域或纵向的某一垂直领域对数据资源进行分析和挖掘，并形成优势互补或避免恶性竞争的数据资源的应用倾向，其中，一方面数据资源的应用倾向可以划分为横向差异化和纵向深耕，横向差异化是指针对相同类型的资源，按照资源内容（例如偏好差异——高低端、区域差异——南北方）进行分开经营，从而形成整体数据资源挖掘后的差异化经营；纵向深耕是指针对不同类型的资源，按照资源性质（资源类型）进行深度挖掘，并形成各自类型数据资源挖掘后的聚焦的市场或业务经营。另一方面，互联网平台企业间会根据与竞争对手在不同数据资源上的相互依赖度而产生分享或者保护的配置倾向，其中数据资源的共享即是指平台企业会与其竞争对手交换并充分融合彼此的数据资源；数据资源的保护即是指平台企业会与其竞争对手以科技手段对各自的用户数据进行保密，以防止竞争对手的窃取和截流。最终，互联网平台企业间会基于对数据资源的配置倾向和应用倾向而进行数据资源的竞合行为决策，其中竞合行为可以划分为深耕互补、专业深耕、差异协同以及边界差异。其中，差异协同是指两家平台企业在共享和融合彼此的数据资源的基础上，针对所有类型的资源进行全领域的覆盖经营，并在每个领域形成高低端、区域差异等差异化的竞合行为；边界差异是指两家平台企业在全领域覆盖经营并对各自数据资源进行保密的基础上，为了避开彼此的锋芒采取的各领域高低端、区域差异等差异化的竞合行为；深耕互补是指两家平台企业在共享和融合彼此的数据资源的基础上，根据不同类型的数据资源分别进行分工，将各自擅长和侧重的数据资源进行深度挖掘并将领域做细做精而采取的竞合行为；专业深耕是指两家平台企业在对自身拥有的与对方不同类型的资源进行保密的基础上，对各自擅长和侧重的数据资源进行深度挖掘并将领域做细做精而采取的竞合行为。

1. 伙伴型战略的数据资源竞合行为

通过对伙伴型竞合战略状态的58同城和赶集网进行数据编码和案例分析，本书发现，处于伙伴型战略的互联网平台企业之间对彼此的数据资源一般都具有较高的依赖程度（Luo，2008），需要依赖彼此的数据资源以实现企业的生存和进一步发展，因此两家平台企业之间更愿意将同质的数据资源向彼此进行分享和交换，以实现更大的数据价值加成效应。同时伙伴型战略的互联网平台企业之间的相对地位有一定差距（Bensston and Kock，1999），这样相对弱势的企业需要放弃两家企业重复的数据资源涉及的经营板块，从而集中精力挖掘自己擅长的数据资源涉及的业务板块，而相对强势的企业可以接手重复板块并对数据资源进行深度挖掘。因此两家互联网平台企业会通过正式协议将不同类型的数据资源进行划分，并为了形成自身的独特优势，提高平台的用户黏性而对各自的数据资源进行深耕挖掘，从而带来更多的价值并巩固企业在行业中的优势地位。我们称这种选择分享和深耕的竞合行为为互补深耕。而针对不同类型的数据资源，伙伴型战略的互联网平台企业可能会选择根据不同产品领域和不同目标市场进行划分，例如针对汽车、房产等不同垂直领域进行数据资源的划分并分别对各自负责的数据资源进行深耕，或针对企业、个人等不同目标用户市场的数据资源进行分别深耕，我们将这两种互补深耕方式分别称为产品互补深耕和目标市场互补深耕。通过互补深耕的竞合行为，处于伙伴型竞合战略状态的两家互联网平台企业可以实现各类型数据资源的持续独特竞争优势、提高用户黏性并形成伙伴关系平台企业间的互补优势。

2. 对抗型战略的数据资源竞合行为

通过对对抗型竞合战略状态的美团外卖和饿了么平台进行数据编码和案例分析，本书发现，处于对抗型竞合战略状态的互联网平台企业之间对彼此异质的数据资源的依赖度非常低，并且存在着较强的利益冲突（Luo，2008），因此两家平台企业之间并不愿意将异质而可以主观排他的单归属数据资源向彼此进行分享和交换，甚至会采取避免对手抢夺的保护行为；同时对抗型战略的互联网平台企业之间的相对地位相差无几，这样市场地位平等的互联网平台企业更不愿意放弃自身任何业务板块所涉及的数据资源，而为了避免恶性竞争的持续，两家互联网平台企业会更倾向于在全产业领域的数据资源上形成自己的差异化优势，因此两家互联网平台企业会选择差异化的数据资源应用倾向。我们称这种选择保护和差异化的竞合行为为边界差异。实施边界差异行为的互联网平台企业会通过正式或非正式的协议，促使两家企业对各自目标市场的数据资源进行挖掘和拓展。

3. 适应型战略的数据资源竞合行为

通过对适应型竞合战略状态的携程网和去哪儿网进行数据编码和案例分析，本书发现，处于适应型战略的互联网平台企业之间对彼此的数据资源一般都具有较高的依赖程度（Luo，2008），在一定程度上需要依赖彼此的数据资源以实现企业的生存和进一步发展，也就是说适应型竞合战略的企业间会在数据资源上进行共享以实现价值的加成；同时适应型战略的互联网平台企业之间的相对地位相差无几，这样市场地位平等的互联网平台企业不愿意放弃自身任何业务板块所涉及的数据资源，而为了避免恶性竞争的持续，两家互联网平台企业会更倾向于在全产业领域的数据资源上形成自己的差异化优势，因此两家互联网平台企业会选择差异化的数据资源应用倾向。因此，适应型竞合关系战略的互联网平台企业间通常选择保护和差异化的协同差异竞合行为。

4. 孤立型战略的数据资源竞合行为

通过对孤立型竞合战略状态的58同城和百姓网进行数据编码和案例分析，本书发现，处于孤立型战略的互联网平台企业之间对彼此的数据资源一般都具有较低的依赖程度（Luo，2008），因此两家平台企业并不愿意将这种难以融合的异质数据资源进行分享和交换使得企业失去自身的竞争优势，企业会选择保护的资源行为倾向；同时孤立型战略的互联网平台企业之间的相对地位有一定差距（Bensston and Kock，1999），相对弱势的互联网平台企业会为了避免和强势企业的竞争而选择针对某一类数据资源进行深耕并形成专业化壁垒，从而实现"夹缝中生存"，而强势的企业则要从自身业务的整体发展考虑而选择不因抢占某单一类型的数据资源而耗费过多资源，因此也会选择在企业现有资源的基础上进行深耕挖掘。我们称这种选择保护和深耕的竞合行为为专业深耕。而针对不同类型的数据资源，孤立型战略的互联网平台企业可能会选择根据不同产品领域和不同目标市场进行划分，例如针对汽车、房产等不同垂直领域进行数据资源的划分并分别对各自负责的数据资源进行深耕，或针对企业、个人或一二线、三四线城市等不同目标用户市场的数据资源进行分别深耕，我们将这两种互补深耕方式分别称为产品专业化深耕和目标市场专业化深耕。通过专业化深耕的竞合行为，处于孤立型战略的两家互联网平台企业可以实现各类型数据资源的持续独特竞争优势、提高用户黏性并形成和巩固企业自身的竞争优势。

综上所述，本书的整体模型如图8.3所示。

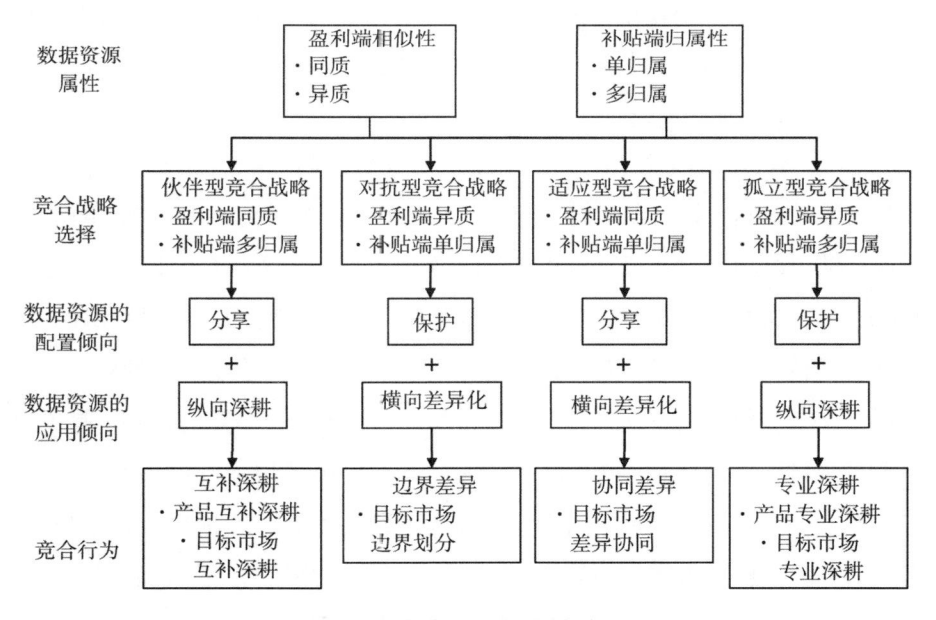

数据资源属性	盈利端相似性 ·同质 ·异质		补贴端归属性 ·单归属 ·多归属	
竞合战略选择	伙伴型竞合战略 ·盈利端同质 ·补贴端多归属	对抗型竞合战略 ·盈利端异质 ·补贴端单归属	适应型竞合战略 ·盈利端同质 ·补贴端单归属	孤立型竞合战略 ·盈利端异质 ·补贴端多归属
数据资源的配置倾向	分享	保护	分享	保护
	+	+	+	+
数据资源的应用倾向	纵向深耕	横向差异化	横向差异化	纵向深耕
竞合行为	互补深耕 ·产品互补深耕 ·目标市场互补深耕	边界差异 ·目标市场边界划分	协同差异 ·目标市场差异协同	专业深耕 ·产品专业深耕 ·目标市场专业深耕

图8.3 本书的整体理论框架

8.2 本书的研究结论

近期内出现了大量相同垂直领域的互联网平台企业合并案，并引发了实践界和理论界的广泛关注，然而现有的基于供应链理论和传统资源观视角的竞合理论在解释以平台模式为运行机制和以数据资源为核心资源的互联网平台企业间的竞合现象时遇到了挑战。平台模式下的互联网平台企业存在着与传统企业不同的特质，而其核心资源——数据资源也具有与传统资源不同的属性特征，因此互联网情境下的平台理论和数据资源的特殊属性可能会更充分地解释互联网平台企业间的竞合互动机理，从而为互联网平台企业间的竞合战略选择的研究提供一个新的理论视角。本书将平台运行机制和数据资源属性引入竞合理论，探讨并揭示了数据资源属性对互联网平台企业竞合战略选择的运行机理以及互联网平台企业的竞合行为，并形成了互联网平台企业竞合战略选择及其策略行为的理论框架（如图8.3所示）。通过案例研究、扎根编码和理论与实践的反复迭代，本书的研究得到以下几点结论。

（1）本书的研究揭示了平台模式、数据资源与传统供应链理论、传统资源理论的异同之处。以多向"网状"结构的平台模式为核心的互联网平台企业打破了以单向"链式"结构的供应链模式为核心的传统产业的单一竞争格局，而以共享性和海量性为属性特征的数据资源改变了以排他性和稀缺性为属性的传统资源对企业竞合行为的影响。本书的研究表明，与针对单边市场的传统供应链视角不同，针对多边市场的平台理论视角认为，并不是单边的数据资源属性，而是多边的数据资源属性对互联网平台企业竞合行为产生了影响。因此，对互联网平台企业数据资源属性对竞合战略选择影响机理进行探讨时，要将平台模式的独特运行机制嵌入研究中进行综合考虑。

（2）平台盈利端相似性与补贴端归属性成了影响互联网平台企业竞合战略选择的关键要素。本书的研究表明：盈利端数据资源的相似性对互联网平台企业的合作强度有影响，企业间会在同质资源上倾向于合作，而在异质资源上倾向于不合作；补贴端数据资源的归属性对互联网平台企业的竞争强度有影响，企业间会在单归属资源上倾向于竞争，而在多归属资源上倾向于不竞争。而在盈利端和补贴端数据资源属性的共同作用下，企业间会在同质且多归属的数据资源上倾向于选择伙伴型竞合战略；在同质且单归属的数据资源上倾向于选择适应型竞合战略；在异质且多归属的数据资源上倾向于选择孤立型竞合战略；在异质且单归属的数据资源上倾向于选择对抗型竞合战略。

（3）本书从数据资源的视角揭示了互联网平台企业间的竞合行为决策。竞合战略的制定需要通过竞合行为决策进行具体的实施，本书认为，不同竞合战略状态下的互联网平台企业之间会基于数据资源的配置倾向与应用倾向形成不同竞合行为的决策和实施。本书的研究表明，伙伴型竞合战略状态的互联网平台企业间会选择深耕的应用倾向和共享的配置倾向，从而实施深耕互补的竞合行为；对抗型竞合战略状态的互联网平台企业间会选择差异化的应用倾向和保护的配置倾向，从而实施边界差异的竞合行为；适应型竞合战略状态的互联网平台企业之间会选择差异化的应用倾向以及共享的配置倾向，从而实施差异协同的竞合行为；孤立型竞合战略状态的互联网平台企业之间会选择深耕的应用倾向和保护的配置倾向，从而实施专业深耕的竞合行为。

8.3 理论贡献与实践启示

8.3.1 理论贡献

本书探讨了平台模式特征、数据资源属性对互联网平台企业竞合战略选择的影响问题，并揭示了不同竞合战略状态下互联网平台企业都有哪些竞合行为决策。本书的理论贡献主要体现在以下几个方面。

（1）本书的研究引入了平台理论和数据资源视角，揭示了平台模式运行机制的独特特征和数据资源属性对互联网平台企业竞合战略选择的影响，突出了互联网平台企业的关键特征，揭示了传统供应链理论和传统资源观无法完全解释互联网平台企业的竞合战略选择机理的原因，从而替代供应链理论视角对竞合理论进行了完善，并对仅考虑封闭性的传统人、财、物等资源的资源基础观起到了补充和完善作用。现有对企业竞合行为的相关研究，要么是站在供应链理论的视角，探讨供应链上下游或者供应链相同位置的同行业企业之间的竞合互动关系，要么是站在传统资源理论的视角，探讨传统人、财、物等资源的异质性对企业之间竞合关系的影响。然而，与聚焦于单边市场的供应链理论视角不同，以平台模式为核心的互联网平台企业往往关注的是双边市场中的利益与资源，互联网平台企业的这种区别于传统模式的运行机制使得这种从买方到卖方的单向性供应链发生了根本的变革，形成了以互联网平台企业为中介，从双向性或多向性连接各方主体交叉形成的平台网络。也就是说，一方面，以单向"链式"为核心模式的传统供应链理论无法完全解释以双边市场为核心的互联网平台企业的运行机制和竞合行为；另一方面，与以具有排他性、稀缺性、难以替代性、难以模仿性的传统资源为核心资源的企业不同，互联网平台企业以数据资源为核心，且数据资源的属性是海量的、共享的、价值稀疏的，因此传统的封闭资源观在解释数据资源属性对竞合战略选择时遇到了挑战。本书引入平台理论和数据资源属性，通过案例研究和扎根编码的方法对互联网平台企业的平台运行机制进行了细致的描绘和刻画，并对数据资源属性进行了深度提炼，从理论层面揭示了平台模式运行特征和数据资源属性对互联网平台企业竞合战略选择的影响及作用机理。

（2）本书从数据资源的视角揭示了不同竞合战略状态下的互联网平台企业间的竞合行为决策。现有的竞合理论研究中甚少有对竞合行为的研究，而少量针对竞合行为的研究也是聚焦于组织内部门层面或个体层面的探讨，Luo（2008）在跨国企业竞合战略的研究中对竞合行为（strategictactics）进行了探讨，但并未对其进行细致的刻画和研究。商业实践中出现的大量互联网平台企业的竞合行为表现出了与传统企业竞合行为的明显差异，因此本书从数据资源视角出发，探索互联网平台企业之间在不同竞合战略状态下针对数据资源都有哪些竞合行为，从而对竞合理论在竞合行为决策方面的研究进行补充和完善。

（3）本书以互联网情境为研究背景结合现有理论对互联网平台企业竞合战略选择机理以及竞合行为进行了探索性多案例研究和扎根编码分析，对竞合理论以及互联网情境化的研究起到了推动和完善作用。近年来，随着互联网热潮的到来，互联网平台企业迅速崛起并引起了学术界和实践界的广泛关注，学者们主要从互联网平台企业的概念、特征、商业模式等方面进行了大量探索，并也意识到了大数据将给商业实践带来的巨大影响，但是却鲜有学者以互联网情境为研究背景探讨互联网平台企业的竞合互动行为。本书通过对互联网平台企业的竞合战略选择机理及其竞合行为决策进行探索研究，有助于推动竞合理论在互联网情境化的下的研究，从而弥补相关理论研究的不足。

8.3.2 实践启示

近年来，随着互联网热潮的到来，出现了大量的互联网平台企业的合并案，让商业实践领域和学术研究领域的学者们摸不着头脑。本书从理论视角出发，探究互联网平台企业的竞合战略选择的影响机理，揭示表面现象背后的本质原因，能够对现有和新创互联网平台企业在进行竞合战略选择时起到一定的参考和指导作用。本书的研究对中国互联网平台企业的实践意义主要体现在以下几点。

（1）互联网平台企业之间的竞合战略选择与实施离不开对平台运行机制特点和数据资源属性的深刻理解。从实践层面看来，短期内出现的大量互联网平台企业合并案让很多商业实践者甚至是平台企业领导者本身摸不到头脑，许多互联网平台企业仍然不清楚未来应该何去何从，而一些合并后的互联网平台企业也在整合与阵痛中反复试错、摸索前行。许多互联网平台企业在市场中的竞合实践中以失败而沉寂，也有许多互联网平台企业通过成功的竞合实践实现了飞跃发展，然而不同于传统企业行为模式，互联网平台企业的竞合实践行为究竟由哪些因素引发，如何选择合适的竞合战略，绝大多数的互联网平台企业并没有一个清晰、全面、客观的认识和理解，它们往往寄希望于借鉴以往发达成熟体同类企业的"成功经验"，或是"摸着石头过河"，在不断试错中寻求突破。本书的研究表明，平台运行机制的特点与数据资源属性是互联网平台企业之间进行竞合战略选择的重要影响因素，平台盈利端与补贴端的两种不同数据资源属性给企业带来了不同的竞争与合作倾向，互联网平台企业之间在进行竞合战略选择时，应该深刻理解并比较企业自身与竞争对手之间在平台不同端的数据资源属性，从而制定出能够给两家企业带来共赢结果的最优竞合战略决策。

（2）正确理解与比较企业间所处的竞合战略状态与不同数据资源属性，有利于互联网平台企业间竞合行为决策的成功实施。从企业访谈与案例分析中可以发现，现阶段的中国大部分互联网平台企业在确定竞合战略并维持该竞合关系状态后，仍处于具体策略行为的摸索期，并没有对竞合行为决策的实施有相对清晰、深刻的认识。本书的研究结论表明，互联网平台企业之间不同的竞合战略状态意味着企业之间由于存在不同的相互依赖度和相对地位，而产生了不同的数据资源配置倾向与应用倾向，最终导致了不同的竞合行为决策。因此，互联网平台企业在进行竞合行为的决策与实施时，应当考虑所处竞合战略状态特征与数据资源的行为倾向，本书的研究框架为互联网平台企业的竞合实践提供了一定的参考价值。

8.4　未来研究展望

本书基于商业实践的特殊现象及现有的相关理论，通过探索性多案例研究和扎根编码分析的方法，提出了数据资源视角下互联网平台企业竞合战略的研究框架体系，探究了互联网平台企业的运行机制特征与数据资源属性对互联网平台企业竞合战略选择的影响机理，并揭示了互联网平台企业在不同竞合关系状态下的竞合行为策略。目前这方面的研究尚处于理论前沿的探索阶段,很多工作还需要进一步完善和深化,未来研究可以在本书基础上从以下几个方面进行拓展和深化。

首先,本书采用了多案例研究的方法,探究平台属性和数据资源属性对互联网平台企业竞合战略选择的影响机理,提出了本书的研究模型,对互联网情境化的研究、竞合理论以及资源基础观进行了补充和完善。后续的研究可针对此研究模型进行下一步的大样本证实或证伪。

其次,本书从平台属性和数据资源属性入手,所选择的影响因素均是从企业内部视角出发,并未考虑到外部宏观经济环境、行业竞争等因素对企业竞合战略选择的影响。未来的研究可以结合多重视角,探究企业的内外部环境对互联网平台企业竞合战略选择的作用机理。

最后,本书从静态视角出发,揭示了在某一状态下平台属性和数据资源属性对互联网平台企业竞合战略选择的影响机理,却忽略了企业内部属性和企业间资源状态的动态变化如何影响竞合战略选择的改变。特别是针对互联网平台企业来说,互联网商业环境时刻都在变化,速度非常快,从动态视角切入探究互联网平台企业竞合战略选择的变化过程和机理同样具有重要的意义。

参考文献

[1] Afuah, A. Does a focal firm's technology entry timing depend on the impact of the technology on co-opetitors?[J].Research Policy, 2004, 33(8), 1231-1246.

[2] Armstrong M. Competition in two-sided markets[C]. The MITRE Corporation. 1989.

[3] Armstrong M. Two-sided markets: economic theory and policy implications [J]. Recent Developments in Antitrust, 2007.

[4] Barnett M. Finding a working balance between competitive and communal strategies[J]. Journal of Management Studies, 2006, 43(8): 1753-1773

[5] Barney J. B. Strategic Factor Market: Expectation, Luck, and Business Strategy[J]. Management Science, 1986, 42: 1231-1241.

[6] Barney J. Firm Resources and Sustained Competitive Advantage[J]. Journal of Management: Official Journal of the Southern Management Association, 1991, 17(1): 3-10.

[7] Bengtsson M, Kock S. Cooperation and competition in relationships between competitors in business networks[J]. Journal of Business&Industrial Marketing, 1999, : 178-193.

[8] Bengtsson M, Kock S. Coopetition in Business Networks—to Cooperate and Compete Simultaneously[J]. Industrial Marketing Management, 2000: 411-426.

[9] Bengtsson M, Kock S. Coopetition—Quo vadis? Past accomplishments and

future challenges [J]. Industrial Marketing Management, 2014, 43 (2): 180-188.

[10] Borkar V, Carey M J, Li C. Inside big data management: Ogres, onions, or parfaits? [C] Proceedings of the 15th International Conference on Extending Database Technology, 2012: 3-14.

[11] Brandenburger, A M, and Nalebuff, B J. Coopetition: A revolutionary mindset that combines competition and cooperation in the marketplace [M]. Boston: Harvard Business School Press, 1996.

[12] Brandenburger A M, Nalebuff B J. The Right game: use game theory to shape strategy [M] // The right game: use game theory to shape strategy. Harvard Business Press, 2009: 57-71.

[13] Brinkmann B H, Bower M R, Stengel K A, et al. Large-scale electrophysiology: Acquisition, compression, encryption, and storage of big data [J]. Journal of Neuroscience Methods, 2009, 180 (1): 185-192.

[14] Brown S. L, Eisenhardt K. M. The Art of Continuous Change: Linking Complexity Theory and Time-paced Evolution in Relentlessly Shifting Organizations [J]. Administrative Science Quarterly, 1997, 42 (2): 1-34.

[15] Bucklin L.P, Sengupta S. Organizing successful co-marketing alliances [J]. Journal of Marketing, 1993, 57: 32-46.

[16] Casciaro T, Piskorski M J. Power Imbalance, Mutual Dependence, and Constraint Absorption: A Closer Look at Resource Dependence Theory [J]. Administrative Science Quarterly, 2005, 50 (2): 167-199.

[17] Chen Y, Alspaugh S, Katz R. Interactive analytical processing in big data systems: A cross-industry study of MapReduce workloads [C] Proceedings of the VLDB Endowment, 2012, 5: 1802-1813.

[18] Choi T. Y, Wu Z. H, Ellram L, Koka B. R. Supplier-Supplier relationships and their implications for buyer-supplier relationships. [J]. IEEE

Transactions on Engineering Management, 2002, 49(2): 119-130.

[19] Crisan P. Coopetition structural dynamics[J]. Managerial Challenges of the Contemporary Society, 2013.

[20] Dai J, Huang J, Huang S, et al. Hitune: Dataflow-based performance analysis for big data cloud[C] Proceedings of the 2011 USENIX conference on USENIX annual technical conference, 2011: 87-100.

[21] Dussauge P, Garrette B, Mitchell W. Learning from competing partners: Outcome and durations of scale and link alliances in Europe, North America and Asia[J]. Strategic Management Journal, 2000, 21: 99-216

[22] Dev K. Dutta. Hypercompetitive Environments, Coopetition Strategy, and the Role of Complementary Assets in Building Competitive Advantage: Insights From the Resource-Based View[J]. Strategic Management Review, 2005, 9(1): 1-11.

[23] Dubois A, Fredriksson P. Cooperating and competing in supply networks: Making sense of a triadic sourcing strategy[J]. Journal of Purchasing & Supply Management, 2008, 14(3): 170-179.

[24] Dyer J. H, Singh H. The relational view: Cooperative strategy and sources of interorganizational competitive advantage[J]. Academy of Management Review, 1998, 23(4): 660-679.

[25] Eisenhardt K M. Building Theories from Case Study Research[J]. Academy of Management Review, 1989, 14(4): 532-550.

[26] Eisenhardt K. M, Graebner M. E. Theory building from cases: Opportunities and challenges.[J]. Academy of management Journal, 2007, 50(1): 25-32.

[27] Emerson R M. Power-Dependence Relations[J]. American Sociological Review, 1962, 27(1): 31-41.

[28] Fernandez A S, Roy F L, Gnyawali D R. Sources and management of

tension in co-opetition case evidence from telecommunications satellites manufacturing in Europe [J]. Industrial Marketing Management, 2013, 43 (2): 222-235.

[29] Forrester J W. Industrial Dynamics—A Response to Ansoff and Slevin [J]. Management Science, 1968, 14 (9): 601-618.

[30] Gadde L.E, Mattsson L.G. Stability and change in network relationships [J]. International Journal of Research in Marketing, 1987, 4: 29-41.

[31] Garcia C. Q, Velasco C. A. B. Co-opetition and performance: Evidence from European biotechnology industry [J]. Paper presented at the II Annual Conference of EURAM on 'Innovate Research in Management, 2002: 1-21.

[32] Geraudel M, Salvetat D. What are the antecedents of coopetition? [J]. European Business Review, 2014, 26 (1): 23-42.

[33] G George, MR Haas, A Pentland. Big Data and Management: From the Editors [J]. Academy of Management Journal 2014, Vol. 57, No. 2: 321-326.

[34] Gnyawali D. R, Madhavan R. Cooperative networks and competitive dynamics: A structural embeddeness perspective [J]. Academy of Management Review, 2001, 26 (3): 431-445.

[35] Gnyawali D R, He J, Madhavan R. Impact of Co-Opetition on Firm Competitive Behavior: An Empirical Examination [J]. Journal of Management: Official Journal of the Southern Management Association, 2006, 32 (4): 507-530.

[36] Gnyawali D R, Park B J. Co-opetition and Technological Innovation in Small and Medium-Sized Enterprises: A Multilevel Conceptual Model [J]. Journal of Small Business Management, 2009, 47 (3): 308-330.

[37] Gomes Casseres B. Group versus group: how alliance networks compete

[J]. Harvard Business Review, 1994, July-August: 62-74.

[38] Grant R M. The Resource-Based Theory of Competitive Advantage: Implications for Strategy Formulation[J]. California Management Review, 1991, 33(3): 3-23.

[39] Hamel, G, Doz, Y L, and Prahalad, C K. Collaborate with your competitors and win[J].Harvard Business Review, 1989, 67 (1): 133-139.

[40] Herodotou H, Lim H, Luo G, et al. Starfish: A self-tuning system for big data analytics[C]. Proceedings of the Fifth CIDR Conf, 2011: 261-272.

[41] Harrigan, K. R.. Exit barriers and vertical integration.[J].Academy of ManagementJournal, 1981, 28(3), 686-697.

[42] Hoffmann, W. H.. Strategies for managing a portfolio of alliances.[J]. StrategicManagement Journal, 2007, 28(8), 827-856.

[43] Holmlund M, Kock S. Buyer perceived service quality in industrial networks[J]. Industrial Marketing Management, 1995, 24: 109-121.

[44] Huang, K. F., & Yu, C. M. J.. The effect of competitive and non-competitive R&D collaboration on firm innovation.[J]. Journal of Technology Transfer, 2011, 36(4), 383-403.

[45] Hutter, K., Hautz, J., Füller, J., Mueller, J., & Matzler, K.. Communitition: The tension between competition and collaboration in community-based design contests.[J]. Creativity & Innovation Management, 2011, 20(1), 3-21.

[46] Hunt M. Competition in the major home appliance industry[J].Harvard University, 1972. Bibliography: leaves [320]-322. Microfilm. S

[47] Ingram, P., & Roberts, P. W.. Friendships among competitors in the Sydney hotelindustry.[J]. American Journal of Sociology, 2000, 106 (2), 387-423.

[48] Ingram, P., & Yue, L. Q. Structure, affect and identity as bases of organizational competition and cooperation. [J]. Academy of Management Annals, 2008, 2, 275-303.

[49] Jarillo, J. C. On strategic networks. [J]. Strategic Management Journal, 1988, 9, 31-41.

[50] Jarzabkowski, P.. Strategy as practice—An activity-based approach. [M]. London: Sage. 2005

[51] Johansson, M. Interaction in dynamic networks: Role-playing and its implications for innovation [J]. The IMP Journal, 2012, 6(1), 17-37.

[52] Jorde, T M, and Teece, D J. Competition and cooperation: Striking the right balance [J]. California Management Review, 1989, 31(1): 25-37.

[53] Kanter R.M. Collaborative advantage: the art of alliances [J]. Harvard Business Review, 1994, July-August: 98-108.

[54] Ketchen, D. J., Jr., Snow, C. C., & Hoover, V. L.. Research on competitive dynamics: Recent accomplishments and future challenges. [J]. Journal of Management, 2004, 30(6), 779-804.

[55] Kim S, Kim N, Pae J H. et al. Cooperate "and" compete: coopetition strategy in retailer-supplier relationships [J]. Journal of Business & Industrial Marketing, 2013, 28(4): 263-275.

[56] Kogut B. Joint ventures: Theoretical and empirical perspectives [J]. Strategic Management Journal, 1988, 9(4): 319-332.

[57] Lado A A, Boyd N G, Hanlon S C. Competition, Cooperation, and the Search for Economic Rents: A Syncretic Model [J]. Academy of Management Review, 1997, 22(1): 110.

[58] Lacoste S M. Coopetition and framework contracts in industrial customer-supplier relationships [J]. Qualitative Market Research, 2014, 17(1): 43-57.

[59] Levy M, Loebbecke C, Powell P. SMEs, co-opetition and knowledge sharing: The role of information systems [J]. European Journal of Information Systems, 2003, 12 (1): 3-17.

[60] Li Y. A, Liu Y, Liu H. Co-opetition, distributor's entrepreneurial orientation and manufacturer's knowledge acquisition: Evidence from China [J]. Journal of Operations Management, 2011, 29 (1-2): 128-142.

[61] Li P P. Toward an integrative framework of indigenous research: The geocentric implications of Yin-Yang Balance [J]. Asia Pacific Journal of Management, 2012, 29 (4): 1-24.

[62] Lechner C, Dowling M, Welpe I. Firm networks and firm development: The role of the relational mix [J]. Journal of Business Venturing, 2006, 21 (4): 514-540.

[63] Louise C. Young B Comm and PhD. The Space Between: Towards a Typology of Interfirm Relations [J]. Journal of Business-to-Business Marketing, 1997, 4 (2): 53-97.

[64] Luo, Y. D. Toward coopetition within a multinational enterprise: A perspective from foreign subsidiaries [J]. Journal of World Business, 2005, 40 (1): 71-90.

[65] Luo Y. A coopetition perspective of global competition [J]. Journal of World Business, 2007, 42 (2): 129-144.

[66] Ma L, Xu J, Pan Q. Research on coopetition strategy in IPTV between SARFT and telecom operators in China [J]. Management Science & Engineering, 2013.

[67] Mariani, M M. Coopetition as an emergent strategy [J]. International Studies of Management & Organization, 2007, 37 (2): 97-126.

[68] Manyika J, Chui M, Brown B, et al. Big Data: The Next Frontier For Innovation, Competition, And Productivity [J]. Analytics, 2011.

[69] Madhaven R, Gnyawali D. R, He J. Two's company, three's a crowd? Triads in cooperative competitive networks. [J]. Academy of Management Journal, 2004, 6(47): 918-927.

[70] Noe T, Parker G. Winner take all: Competition, strategy, and the structure of returns in the internet economy [J]. Journal of Economics & Management Strategy, 2005, 14(1): 141-164

[71] Nielsen R P. Cooperative strategy [J]. Strategic Management Journal, 1988, 9(5): 475-492.

[72] Paavo Ritala. Coopetition Strategy-When is it Successful? Empirical Evidence on Innovation and Market Performance [J]. British Journal of Management, 2012, 23: 307-324.

[73] Paavo Ritala, Arash Golnam, Alain Wegmann. Coopetition-based business models: The case of Amazon.com [J]. Industrial Marketing Management, 2014, 43: 236-249.

[74] Padula, G, and Dagnino, G B. Untangling the rise of coopetition: The intrusion of competition in a cooperative game structure [J].International Studies of Management and Organization, 2007, 37 (1): 32-53.

[75] Penrose E T. The theory of the growth of the firm, 1959 [J]. Southern Economic Journal, 1995, 27(2): 151.

[76] Pfeffer, J, and Salancik, G R. The external control of organizations: A resource2dependence perspective [M]. New York: Harper &Row, 1978.

[77] Pfeffer J, Salancik G R. The External Control of Organizations: A Resource Dependence Perspective [J]. American Journal of Sociology, 1981, 23 (Volume 87, Number 3).

[78] Prekopcsak Z, Makrai G, Henk T, et al. Radoop: Analyzing big data with rapidminer and hadoop [C]. Proceedings of the 2nd Rapid Miner Community Meeting and Conference (RCOMM 2011), 2011.

[79] Parkhe A, Rosenthal E C, Chandran R. Prisoner's dilema pay off structure in inter firm strategic alliances: an empirical test[J]. OMEGA International Journal of Management Science, 1993, 21(5): 531-539.

[80] Pare G. Investigating Information Systems with Positivist Case Study Research[J]. Communications of the Association for Information Systems, 2004, 13: 233-264.

[81] Peng T. J. A, Bourne M. The coexistence of competition and cooperation between networks: Implications from two Taiwanese healthcare networks. [J]. British Journal of Management, 2009, 20(3): 377-400.

[82] Peng T J A, Pike S, Yang C H, et al. Is Cooperation with Competitors a Good Idea? An Example in Practice[J]. British Journal of Management, 2012, 23(4): 532-560.

[83] Porter, M. E. Competitive advantage: Creating and sustaining superior performance[J]. New York: Free Press.

[84] Ring P.S, Van de Ven. A. Structuring cooperative relationships between organizations[J]. Strategic Management Journal, 1992, 13: 483-498.

[85] Rochet J C, Tirole J. Externalities and Regulation in Card Payment Systems [J]. Review of Network Economics, 2006, 5(1): 1-14.

[86] Rusko R. Exploring the concept of coopetition: A typology for the strategic moves of the Finnish forest industry [J]. Industrial Marketing Management, 2011, 40(2): 311-320.

[87] Ritala P, Hurmelinna-Laukkanen P. Incremental and Radical Innovation in Coopetition——The Role of Absorptive Capacity and Appropriability[J]. Journal of Product Innovation Management, 2013, 30(1): 154-169.

[88] Raza-Ullah T, Bengtsson M, Kock S. The coopetition paradox and tension in coopetition at multiple levels[J]. Industrial Marketing Management, 2014, 43(2): 189-198.

[89] Rumelt R P. Toward a Strategic Theory of the Firm [J] .Competitive Strategic Management. 1984: 556-570.

[90] Rumelt R P, Dan S, Teece D J. Strategic Management and Economics [J]. Strategic Management Journal, 1991, 12 (S2): 5-29.

[91] Selznick P. Leadership in administration [J]. International Review of Public Administration, 1957, 8 (2): 1-11.

[92] Schadt E E, Linderman M D, Sorenson J, et al. Cloud and heterogeneous computing solutions exist today for the emerging big data problems in biology [J]. Nature Reviews Genetics, 2011, 12 (3): 224.

[93] Stephanie J. Thomason, Earl Simendinger, Dylan Kiernan. Several determinants of successful coopetition in small business [J]. Journal of Small Business & Entrepreneurship, 2013, 26 (1): 15-28.

[94] Tan K C. A framework of supply chain management literature [J]. European Journal of Purchasing & Supply Management, 2001, 7 (1): 39-48.

[95] Tsai, W. Social structure of "coopetition" within a multiunit organization: Coordination, competition, and intraorganizational knowledge sharing [J]. Organization Science, 2002, 13 (2): 179-190.

[96] Tidström A. Managing tensions in coopetition [J]. Industrial Marketing Management, 2014, 43 (2): 261-271.

[97] Tidström A, Rajala A. Coopetition strategy as interrelated praxis and practices on multiple levels [J]. Industrial Marketing Management, 2016, 58: 35-44.

[98] Von Neumann, John and Oskar Morgenstern. Theory of Games and Economic Behavior [M]. N J: Princeton University Press.1944.

[99] Wang F Y. A Big-Data perspective on AI: Newton, merton, and analytics intelligence [J] .IEEE Intelligent Systems, 2012, 27 (5): 2-4.

[100] Walley K. Coopetition: An Introduction to the Subject and an Agenda for Research[J]. International Studies of Management & Organization, 2007, 37(2): 11-31.

[101] Wernerfelt B. A resource-Based View of the Firm[J]. Strategic Management Journal, 1984, 5(1): 171-180.

[102] Weerasinghe S. Revolution within the revolution: the Sri Lankan attempt to bridge the digital divide through e-governance[J]. International Information & Library Review, 2004, 36(4): 319-327.

[103] Wenpin Tsai. Social Structure of "Coopetition" Within a Multiunit Organization: Coordination, Competition, and Intraorganizational Knowledge Sharing[J]. Organization Science, 2002, 13(13): 179-190.

[104] Weyl E G. A Price Theory of Multi-Sided Platforms[J]. American Economic Review, 2010, 100(4): 1642-1672.

[105] Williamson O E. Market and Hierar chies[M]. New York: The Free Press, 1975.

[106] Williamson O E. The Economic Institutions of Capitalism[M]. New York: The Free Press, 1985.

[107] Wu Z. H, Choi T. Y, Rungtusanatham M. J. Supplier-Supplier relationships in buyer-supplier-supplier triads: Implications for supplier performance.[J]. Journal of Operations Management, 2010, 28(2): 115-123.

[108] Xueming Luo, Rebecca J. Slotegraaf, Xing Pan. Cross-Functional "Coopetition": The Simultaneous Role of Cooperation and Competition Within Firms[J]. Journal of Marketing, 2013, 70(2): 67-80.

[109] Yami S, Nemeh A. Organizing coopetition for innovation: The case of wireless telecommunication sector in Europe[J]. Industrial Marketing Management, 2014, 43(2): 250-260.

[110] Yan W, Brahmakshatriya U, Xue Y, et al. p-PIC: Parallel power iteration clustering for big data[J]. Journal of Parallel and Distributed Computing, 2013, 73(3): 352-359.

[111] Yin R. K. Case study research: design and methods[J]. Thousand Oaks Ca Sage Publications, 1994, 5(9)

[36] Yin R. K. Case Study Research: Design and Methods[J]. CA: Sage Publications Inc, 2003.

[112] Yi Liu, Yadong Luo, Pianpian Yang, and Vladislav Maksimov. Typology and Effects of Co-opetition in Buyer-Supplier Relationships: Evidence from the Chinese Home Appliance Industry[J]. Management and Organization Review, 2014, 9: 439-465.

[113] Zineldin, M. Coopetition: The organization of the future[J].Marketing Intelligence & Planning, 2004, 22 (7): 780-789.

[114] 阿里研究院,"互联网+"研究报告[R]. 2015, 3.

[115] 阿里研究院,互联网+: 从IT到DT[M]. 北京: 机械工业出版社, 2015

[116] 拜瑞·J. 内勒巴夫,亚当. M. 布兰登勃格.合作竞争[M].合肥:安徽人民出版社.1999.

[117] 陈威如,余卓轩.平台战略:正在席卷全球的商业模式革命[M].北京:中信出版社, 2013.

[118] 陈雨田. 价值网络中不同竞合结构下的关系治理模式及绩效研究[D].上海:上海交通大学, 2012.

[119] 陈应龙,双边市场中平台企业的商业模式研究[M].武汉:武汉大学, 2014.

[120] 陈晓萍,徐淑英,樊景立.组织与管理研究的实证方法[M].北京:北京大学出版社, 2012.

[121] 程艳,鲍步云.互联网企业并购整合的风险与防范——以58同城和赶集网合并为例[J].湖南城市学院学报, 2016, 37(1): 29-31.

[122] 杜丹清. 大数据时代的零售市场结构变迁——基于电商企业规模扩张的思考. [J]. 商业经济与管理, 2015 (2), 12-17

[123] 丁永波, 周柏翔, 凌丹. 基于共生理论的供应链联盟企业共生条件分析 [J]. 商场现代化, 2006, x (10Z): 129-130.

[124] 冯芷艳、郭迅华、曾大军等. 大数据背景下商务管理研究若干前沿课题 [J]. 管理科学学报, 2013, 1.

[125] 郭萍. 互联网行业破坏性创新研究 [D]. 合肥: 中国科学技术大学, 2016.

[126] 郭会斌. 温和改善的实现: 从资源警觉到资源环境建构——基于四家 "中华老字号" 的经验研究 [J]. 管理世界, 2016 (6): 133-147.

[127] 郭晓菲. 58同城微信营销策略研究 [D]. 北京: 北京交通大学, 2015.

[128] 桂港. 与敌同眠: 经济全球化中的竞合新格局 [J]. 中外管理, 2006, 3: 28-31.

[129] 顾冰. 导演.com新一轮奇迹的携程少帅——梁建章: 创业往往是看一个机会 [J]. 东方企业家, 2004: 54-57.

[130] 和阳. 杨浩涌: 百亿美金背后的命运 [J]. 创业家, 2015 (6).

[131] 郝凤苓. 百姓网的 "长期贪婪" [J]. 中国民营科技与经济, 2011 (8): 48-49.

[132] 黄江明, 李亮, 王伟. 案例研究: 从好的故事到好的理论——中国企业管理案例与理论构建研究论坛 (2010) 综述 [J]. 管理世界, 2011 (2): 118-126.

[133] 黄旭, 程林林. 西方资源基础理论评析 [J]. 财经科学, 2005 (3): 94-99.

[134] 纪汉霖, 张永庆. 用户多归属条件下的双边市场平台竞争策略 [J]. 经济问题探索, 2009 (5): 101-107.

[135] 柯实. 饿了么张旭豪: 不成功无意义 [J]. 创业家, 2015 (1).

[136] 李健, 金占明. 战略联盟内部企业竞合关系研究 [J]. 科学学与科学技术管理, 2008, 29 (6): 129-134.

[137] 李平. 中国本土管理研究与中国传统哲学 [J]. 管理学报, 2013, 10 (9):

1249-1261.

[138] 李平, 曹仰锋. 案例研究方法: 理论与范例[M]. 北京: 北京大学出版社, 2012.

[139] 李元杰. 在线订餐平台运营模式研究[D]. 武汉: 武汉纺织大学, 2016.

[140] 李月菊. 资源依赖、关系质量、合作营销绩效关系的实证研究[D]. 衡阳: 南华大学, 2012.

[141] 李琛. 基于双边市场理论的互联网企业基础平台加增值服务商业模式研究[M]. 北京: 中国社会科学院研究生院, 2011.

[142] 李伟奇, 供应链理论视角下外贸企业财务管理模式优化研究[M]. 长春: 东北师范大学, 2013.

[143] 李广辉. 58同城缔造者姚劲波[J]. 财会月刊, 2013(25): 42-43.

[144] 李广辉. 姚劲波的"分类信息王国"[J]. 名人传记: 财富人物, 2012(7): 38-40.

[145] 李韵. 梁建章二次创业[J]. 中国经济和信息化, 2013(9): 17-17.

[146] 卢旭成, 王采臣, 史翔宇. 庄辰超去哪儿[J]. 创业家, 2013(2): 38-48.

[147] 罗楠, 李丽, 肖琦, 等. 浅谈外卖对大学生生活的影响[J]. 科技经济导刊, 2016(28)

[148] 凌丹. 基于共生理论的供应链联盟研究[D]. 长春: 吉林大学, 2006.

[149] 吕力. 管理案例研究的信效度分析: 以AMJ年度最佳论文为例[J]. 科学学与科学技术管理, 2014(12): 19-29.

[150] 林传明. 资源视角下企业O2O商业模式与竞争优势内在机理研究[D]. 济南: 山东大学, 2016.

[151] 刘衡, 王龙伟, 李垣. 竞合理论研究前沿探析[J]. 外国经济与管理. 2009, 52: 1-8.

[152] 刘大为, 李凯. 用户多归属与双边平台竞争的均衡分析[J]. 沈阳: 东北大学学报自然科学版, 2012, 33(1): 145-148.

[153] 龙海泉, 吕本富, 彭赓, 等. 基于价值创造视角的互联网企业核心资源及

能力研究[J]. 中国管理科学, 2010, 18（1）：161-167.

[154] 迈克尔·波特. 国家竞争优势[M]. 北京：中信出版社, 2007.

[155] 迈克尔·波特. 竞争战略[M]. 北京：华夏出版社, 2005.

[156] 马建光, 姜巍. 大数据的概念、特征及其应用[J]. 国防科技, 2013, 34（2）：10-17.

[157] 毛基业, 张霞. 案例研究方法的规范性及现状评估——中国企业管理案例论坛（2007）综述[J]. 管理世界, 2008（4）：115-121.

[158] 毛基业, 李晓燕. 理论在案例研究中的作用——中国企业管理案例论坛（2009）综述与范文分析[J]. 管理世界, 2010（2）：106-113.

[159] 欧阳桃花. 试论工商管理学科的案例研究方法[J]. 南开管理评论, 2004, 7（2）：100-105.

[160] 平狄克. 鲁宾费尔德微观经济学（第4版）北京：中国人民大学出版社, 2000.

[161] 彭早. 浅析社会交换视角下互联网企业的整合路径——以58赶集网为例[J]. 商, 2015（8）：264-264.

[162] 任新建. 企业竞合行为选择与绩效的关系研究[D]. 上海：复旦大学, 2006.

[163] 任玺言. 借鉴再创新——浅析"饿了么"订餐平台盈利模式[J]. 新闻研究导刊, 2015, 6（19）：116-118.

[164] 邵剑兵, 刘力钢, 杨宏戟. 大数据情境下的企业非市场战略与市场战略的整合模式——基于高德公司的实证研究[J]. 辽宁大学学报（哲学社会科学版）, 2015, 43（1）：92-98.

[165] 宋铁波, 钟槟. 合法性作为目标还是工具？产业发展过程中企业竞合战略的制度解释[J]. 科学学与科学技术管理, 2012, 33（4）：89-95.

[166] 孙继伟, 孔蕴雯. 外卖O2O平台商业模式比较——以饿了么、美团外卖、到家美食会为例[J]. 企业管理, 2016（2）：86-88.

[167] 宋滟泓. 携程与去哪儿握手言欢在线旅游竞合中艰难求生[J]. IT时代周

刊, 2013(16): 45-46.

[168] 沙春利. 张旭豪. O2O如何闭环[J]. 环球企业家, 2013: 72-73.

[169] 托马斯·W. 李. 组织与管理研究的定性方法[M]. 吕力, 译. 北京: 北京大学出版社, 2014.

[170] 吴福象, 周绍东. 企业创新行为与产业集中度的相关性——基于中国工业企业的实证研究[J]. 财经问题研究. 2006.29-33.

[171] 吴小节, 杨书燕, 汪秀琼. 资源依赖理论在组织管理研究中的应用现状评估——基于111种经济管理类学术期刊的文献计量分析[J]. 管理学报, 2015, 12(1): 61-71.

[172] 王冲. 公司跨界创业的战略选择研究——基于合法性与资源配置的双重视角[D]. 长春: 吉林大学, 2016.

[173] W. 理查德. 斯科特, 杰拉尔德. F. 戴维斯, W.RichardScott, 等. 组织理论: 理性、自然与开放系统的视角[M]. 北京: 中国人民大学出版社, 2011.

[174] 维克托. 迈尔-舍恩伯格, 肯尼斯. 库克耶. 大数据时代[M]. 杭州: 浙江人民出版社, 2012

[175] 王扬. 在线旅游企业商业模式比较分析及优化——以携程网、去哪儿网、淘宝旅行为例[D]. 北京: 对外经济贸易大学, 2015.

[176] 项保华, 李大元. 企业竞合分析新范式: 六力互动模型——内涵、思路与策略[J]. 科技进步与对策, 2009, 26(3): 52-54.

[177] 项保华. 战略与环境: 五力竞争还是六力互动[J]. 北大商业评论, 2005(11): 38-43.

[178] 徐利君. 庄辰超: 一切依据理论行动[J]. 创业家, 2013(12).

[179] 俞立平. 大数据与大数据经济学[J]. 中国软科学, 2013(7): 177-183.

[180] 佚名. 姚劲波: 以域名起家博得第一桶金[J]. 中小企业管理与科技, 2012(20): 79-81.

[181] 杨筱卿. 58赶集的"合"与"分"[J]. 中外管理, 2016(1).

[182] 杨浩涌. "赶集网"杨浩涌: 绝处逢生[J]. 名人传记: 财富人物, 2011 (7).

[183] 杨浩涌. 杨浩涌: 我有这些钱去投创业者 为什么不投自己呢[J]. 华商, 2016(4): 58-59.

[184] 杨芬. 张旭豪"饿"出来的创业[J]. 企业观察家, 2015(10): 32-35.

[185] 杨善林, 周开乐. 大数据中的管理问题: 基于大数据的资源观[J]. 管理科学学报, 2015, 18(5): 1-8.

[186] 张映辉. 携程网和去哪儿网的营销模式对比分析[J]. 才智, 2014(31): 2-2.

[187] 张旭豪. 饿了么形成互联网特有的营销思维[J]. 成功营销, 2016(Z1): 111-111.

[188] 张兰廷. 大数据的社会价值与战略选择[D]. 北京: 中共中央党校, 2014.

[189] 周晓东, 项保华. 复杂动态环境、动态能力及战略与环境的匹配关系[J]. 经济管理, 2003(20): 12-18.

[190] 周和荣, 王辉, 张金隆. 虚拟资源观: 企业资源利用方式的根本变革[J]. 管理世界, 2007(10): 162-163.

[191] 周运兰, 张思泉, 余宁. 携程旅行网与去哪儿网合并案例剖析[J]. 科技创业月刊, 2016, 29(18): 35-37.

[192] 周文辉, 王鹏程, 陈晓红. 价值共创视角下的互联网+大规模定制演化——基于尚品宅配的纵向案例研究[J]. 管理案例研究与评论, 2016, 9(4): 313-329.

[193] 周运兰, 张思泉, 余宁. 携程旅行网与去哪儿网合并案例剖析[J]. 科技创业月刊, 2016, 29(18): 35-37.

[194] 朱晓培. 携程控股去哪儿 OTA又成寡头行业[J]. 华商, 2016(1): 45-45.

附　录

案例研究的访谈提纲

表1　58同城与赶集网的案例访谈提纲

关注焦点	访谈问题
总括性问题	请您简单介绍一下公司的创建背景与发展过程，以及与您的竞争对手——58同城（或赶集网）之间的竞争合作的历程
竞合战略选择	1. 58同城与赶集网（瓜子二手车）目前是一种怎样的竞争与合作状态？ 58同城与赶集网合并后，彼此对对方的需求程度如何？ 58同城与瓜子二手车之间的资金、信息共享程度高不高？到什么程度？ 58同城与赶集网合并后，两边的团队在公司发展愿景等方面的想法是否一致？ 58同城与赶集网合并后，对于在市场上执行的市场战略存在冲突吗？在战略上，彼此会不会有互补和配合？ 58同城与赶集网合并后，两家企业（或58同城与瓜子二手车）是彼此分享流量资源的吗？还是58司城单方面对瓜子二手车的注入？
战略选择原因	2. 对于58同城和赶集网来说，用户数据是核心资源，在对竞合战略的选择上，数据是否在其中起到重要的推动作用？ 3. 如数据在其中起到了作用，是如何起到重要作用的？与赶集网的合作，是出于哪些方面的考量？ 58同城和赶集网的用户在进行招聘、租房等信息时，是不是一般都在两个平台上都发布或查找？ 58同城与赶集网的用户是可以两个平台共用的，这是否是我们不再继续竞争的原因？ 是否因为用户可以多个平台共用，而不影响企业盈利，企业间可以共享彼此的用户流量入口？ 58同城与赶集网的商户.店铺和广告商是否几乎是一样的？ 58同城与赶集网的业务一致，与百姓网的业务也差不多，为什么没有选择百姓网而是选择赶集网呢？ 58同城与赶集网是否形成了自己的独特用户群？是否这些独特用户群的数据推动了合作？

续表

关注焦点	访谈问题
具体 竞合行为	4. 58同城与赶集网的合作，主要体现在哪些方面或板块？ 58同城与赶集网合并后，在不同的板块都是如何进行合作的？会刻意加深数据资源的共享程度吗？数据资源分享程度有多高？ 瓜子二手车的拆分是否意味着各自板块在数据上的深耕？在数据上的分工是否明晰？ 5. 在这些方面或板块中，具体的竞争与合作行为是什么？ 在个人用户和商户的数据上，58同城与赶集网都是如何进行数据共享的？ 58同城与赶集网合并之后，是否会互相帮助，实现彼此在市场上的规模壮大、盈利增长？ 58赶集在成本和盈利上是一起算的吗？58赶集与瓜子二手车的成本和盈利是一起算的吗？ 6. 58同城与赶集网在合作中是否存在竞争或冲突的板块？ 瓜子二手车与58赶集的二手车板块存在冲突吗？ 7. 还有哪些其他方面的竞争与合作行为？

表2　58同城与百姓网　的案例访谈提纲

关注焦点	访谈问题
总括性 问题	请您简单介绍一下公司的创建背景与发展过程，以及与您的竞争对手——58同城（或百姓网）之间的竞争合作的历程
竞合 战略选择	1. 58同城与百姓网目前是一种怎样的竞争与合作状态？ 58同城与百姓网之间，存不存在一些信息或其他方面的交易和交流？存在的话，是什么方面的交易和交流？ 58同城与百姓网之间在公司发展、业务等方面的理念或想法有什么异同？ 58同城和百姓网的市场战略相同吗？不同点在哪里？ 58同城与百姓网之间存在彼此给予对方的利益或优惠吗？
战略 选择原因	2. 对于58同城和百姓网来说，用户数据是核心资源，在对竞合战略的选择上，数据是否在其中起到重要的推动作用？ 3. 如数据在其中起到了作用，是如何起到重要作用的？ 58同城和百姓网的用户在进行招聘、租房等信息时，是不是一般都在两个平台上都发布或查找？ 58同城与百姓网的商户店铺和广告商差异大吗？ 58同城与百姓网的用户是可以两个平台共用的，这个与赶集网也很相似，为什么不选择合作呢？ 您认为58同城、赶集网与百姓网有何异同之处？ 58同城与百姓网是否形成了自己的独特用户群？在独特用户群上有没有交流与合作？

续表

关注焦点	访谈问题
具体竞合行为	4. 58同城与百姓网是否存在竞争或合作的板块或业务？在不同的业务和板块上是如何考量的？ 百姓网在58同城与赶集网广告大战时，利用"赶驴网"抢了一部分流量，当时的具体情况如何？为什么58同城与赶集网没有予以反击？ 58同城与百姓网间存在数据的交易交换么？ 在进行数据深耕的过程中，58同城与百姓网的区别是否越来越大？ 58赶集对于百姓网的市场扩张和盈利，是否会感觉到威胁，或者是否会对百姓网的市场行为进行干扰或帮助？ 58同城与百姓网之间，在不同的业务板块之间的竞争与合作都有哪些考量？ 在个人用户和商户的数据上，58同城与百姓网都是如何处理这些数据的？ 5. 还有哪些其他方面的竞争与合作行为？

表3　美团外卖与饿了么的案例访谈提纲

关注焦点	访谈问题
总括性问题	请您简单介绍一下公司的创建背景与发展过程，以及与您的竞争对手——美团外卖（饿了么）之间的竞争合作的历程
竞合战略选择	1. 美团外卖与饿了么目前是一种怎样的竞争与合作状态？ 在美团外卖产生之前，曾经向饿了么寻求合作，当时为什么没有达成？ 美团外卖产生之后，与饿了么之间是如何竞争的？ 美团外卖与饿了么之间，存不存在一些信息或其他方面的交易和交流？存在的话，是什么方面的交易和交流？ 美团外卖与饿了么在市场拓张方面的战略是否一致？有无利益冲突？ 当时的补贴战情况如何？
战略选择原因	2. 对于美团外卖与饿了么来说，用户数据是核心资源，在对竞合战略的选择上，数据是否在其中起到重要的推动作用？ 3. 如数据在其中起到了作用，是如何起到重要作用的？ 美团外卖与饿了么平台上的商户店铺和广告商差异大不大？ 商户店铺是否都在两个平台上售卖产品？这对我们公司和竞争对手是否产生影响？ 用户订餐是否会选择两个平台都用？您如何看待这个问题？ 您是否已经形成了自己的独特用户群？若已经形成，平台之间在这些独特用户的数据上是否有交流？ 为什么不选择与竞争对手合作，而是不断地激烈竞争呢？

续表

关注焦点	访谈问题
具体竞合行为	4. 美团外卖与饿了么的竞争与合作都体现在哪些板块上？ 美团外卖与饿了么存在合作的板块吗？有数据交流吗？ 若有，是如何进行的？ 美团外卖与饿了么之间存在竞争的板块吗？ 若有，都在哪些板块有冲突和竞争？我们都是如何应对的？ 5. 美团外卖与饿了么在竞争合作的过程中，对不同的业务板块是如何考虑的？ 针对这些不同的业务板块和用户数据，我们都是如何进行处理的？ 现在美团外卖与饿了么在业务板块和用户数据相较于刚开始，区别大吗？ 6. 还有哪些其他方面的竞争与合作行为？

表4 携程网与去哪儿网的案例访谈提纲

关注焦点	访谈问题
总括性问题	请您简单介绍一下公司的创建背景与发展过程，以及与您的竞争对手——携程网（或去哪儿网）之间的竞争合作的历程
竞合战略选择	1. 携程网和去哪儿网目前是一种怎样的竞争与合作状态？ 携程网和去哪儿网在这次合并后，彼此对对方的需求程度如何？ 携程网和去哪儿网之间的资金、信息共享程度高不高？到什么程度？ 两边的团队在公司发展愿景等方面的想法是否一致？ 对于在市场上执行的市场战略存在冲突么？在战略上，彼此会不会有互补和配合？ 会分享流量资源吗？ 两家企业在合并之后，有没有利益冲突？
战略选择原因	2. 对于携程网和去哪儿网来说，用户数据是核心资源，在对竞合战略的选择上，数据是否在其中起到重要的推动作用？ 3. 如数据在其中起到了作用，是如何起到重要作用的？与赶集网的合作，是出于哪些方面的考量？ 当初携程网主动找到去哪儿网谈合作，为什么当时没有谈成？整个谈判的过程是如何的？ 当商户和个人用户在进行旅游产品购买的时候，一般会怎么看待两个平台？ 用户在购买产品时，能不能两个平台共用？ 是否是因为用户只能在一个平台上买产品，去哪儿网一开始才不愿意合作？ 携程网和去哪儿网的商户资源和买产品的用户区别大不大？ 两个企业是否形成了独特用户群？对这些独特用户的数据两家企业怎么考虑的？

续表

关注焦点	访谈问题
具体竞合行为	4. 携程网和去哪儿网的竞争与合作，主要体现在哪些方面或板块？ 携程网和去哪儿网合并之后，是否还存在竞争？ 若存在，竞争体现在哪些板块？合作体现在哪些板块？为什么？ 数据的共享程度如何？ 有没有特殊出台文件或协议，对这些合作或竞争的板块进行分工？ 5. 在这些方面或板块中，具体的竞争与合作行为是什么？ 在个人用户和商户的数据上，携程网和去哪儿网都是如何进行数据共享的？ 在共享的基础上，会有所保留吗？ 是否会互相帮助，实现彼此在市场上的规模壮大、盈利增长？ 6. 还有哪些其他方面的竞争与合作行为？